Licensing Survey

大学技術移転サーベイ

大学知的財産年報 2006年度版

有限責任
中間法人 **大学技術移転協議会** [編著]

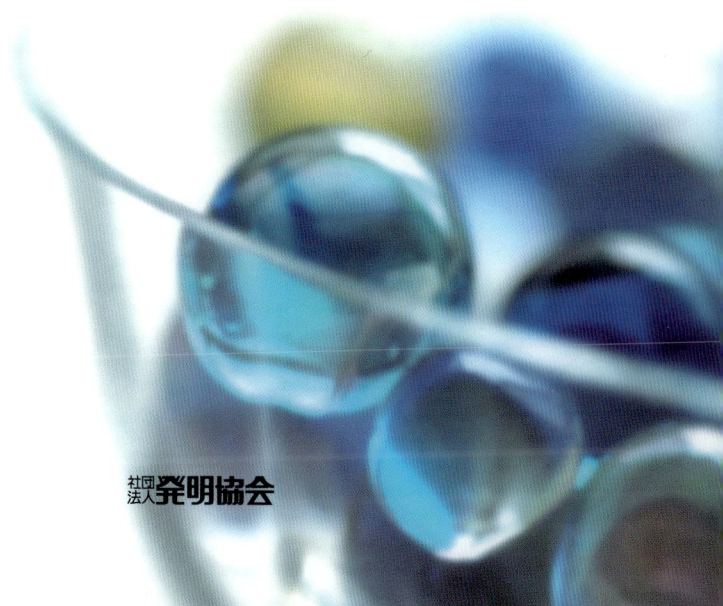

社団
法人 発明協会

大学はいま、知的財産を基盤とした発展を目指す「知的財産立国」の重要なプレーヤーとして、わが国の国際競争力を支える「知」の創造、そして、知的財産権の取得、さらに、産業界への技術移転による研究成果の社会活用を担っていくことが期待されています。2005年度の日本経済は、バブル崩壊に続く失われた10年の痛手から緩やかながら回復を続け、実質GDP成長率は2.4％を達成しました。産業界と大学のいわゆる「産学連携」にとっても、こうした状況はささやかながら追い風となり、民間企業と大学の共同研究、受託研究は前年度（2004年度）比20％以上の伸びとなって表れています。大学における知的財産管理、とくに特許出願など知的財産権の取得に向けた大学等の取り組みは、一部の大学を除いて、従来は十分に意識されず、理解されてこなかった分野でしたが、近年ようやく全国の大学に取り組みの裾野が広がり、2005年度には極めて高い伸びを示しています。

　一方、大学の研究成果を特許ライセンスにより実用化・製品化した例や、大学発ベンチャーという形で事業化した例などを米国と比較すると、未だその実績の差が大きいことに驚かされます。米国に遅れること20年といわれるわが国大学の技術移転機関（TLO）の仕組みが発展していくことが期待されます。

　日本の大学における知的財産の管理・活用、技術移転のための仕組みづくりは、TLOと大学知的財産本部という異なる形態の組織が絡み合った形で基盤整備が進められてきたことから、これまでは組織形態や活動経過が別々に調査報告されており、全体像が把握できませんでした。この度、大学技術移転協議会で実施したアンケートは、TLO、大学知的財産本部に対して共通して実施したものであり、2つの組織の関連を把握し、重複を取り除くなどわが国の全体像を把握するものであります[注]。また、米国AUTMの基準に揃えたアンケート内容とし、加えてわが国独自のデータを収集したため、日本の大学の知的財産の管理・活用、技術移転分野の主要なパフォーマンス・データが、米国と比較可能な明確な形で得られたことが重要な成果となっています。

　わが国初めての「大学知的財産年報」として、大学の現状を把握するために必要なデータをさまざまな観点から、以下で分析してまいります。

注：アンケート対象は当協議会の会員機関であり、その中には承認・認定TLOでないTLO機能を持つ大学、あるいは、政府の整備事業の支援を受けない大学知的財産本部機能を持つ大学が含まれています。

大学の知的財産管理・活用体制の現状

TLO と 大学知的財産本部 の 設立状況

わが国における大学等の技術移転機関は、米国に20年遅れて始まったといわれています。1998年の大学等技術移転促進法の施行を機に年間6機関程度のペースでTLOが設立されてきました。
2003年には大学知的財産本部整備事業も開始され、この年を中心に各大学に大学知的財産本部が広く設置されています。

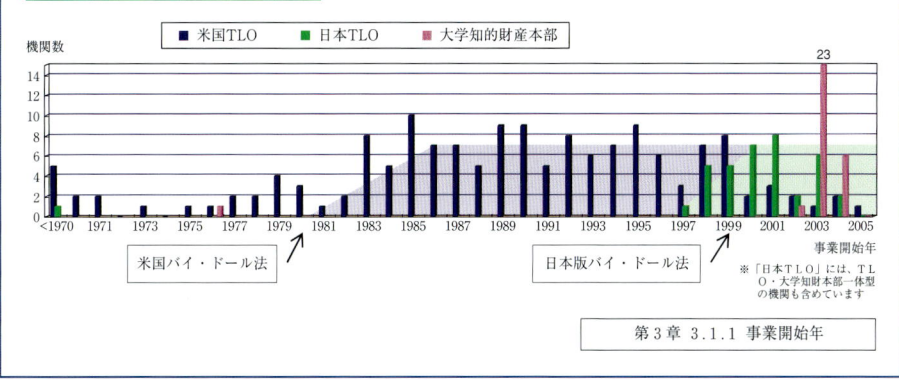

組織体制・運営 の 状況

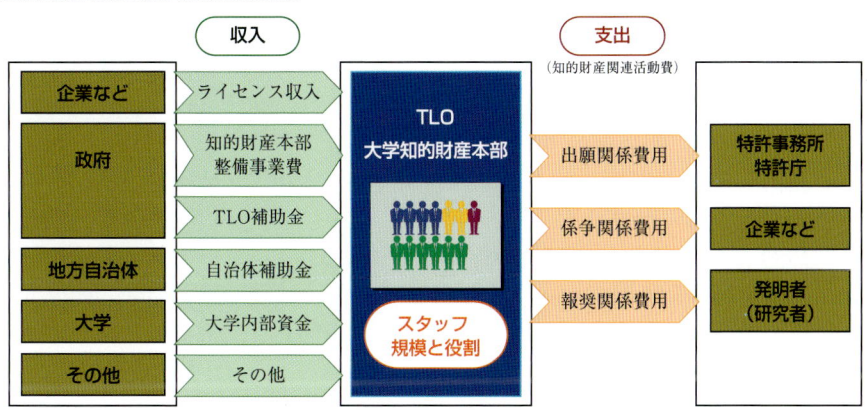

(1) 組織

平均スタッフ数は、TLOが平均で**10.8人**、大学知的財産本部が平均**20.6人**、TLO・大学知的財産本部一体型（第2章2.2参照）が平均**21.2人**という状況です。大学知的財産本部は事務職員と共同研究・リエゾン業務に携わる人数の比率が高く、広域型TLOではライセンス・知財管理業務に携わるスタッフの比率が高くなっています。

公的支援制度等で人件費の負担のないスタッフの役割は大きく、中でもライセンス・知財管理業務を担当するスタッフでの割合は、37％に達しています。

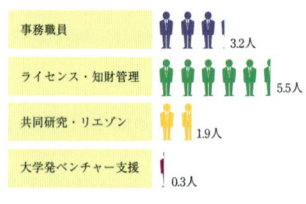

第3章 3.1.2 TLO及び大学知的財産本部の体制

(2) 収入と支出

支出（知的財産に関連した活動費）

2005年度の知的財産関連の活動費は、TLOが平均で**1,846万円**、大学知的財産本部が平均**3,861万円**、TLO・大学知的財産本部一体型が平均**5,357万円**となっています。

平均の内訳は、出願関係費用86.4％、報奨関係費用13.6％で、係争関係費用の支出は0でした。出願関係費用のなか、企業に負担してもらった額が平均で12％あります。

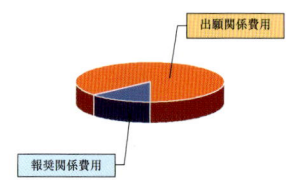

知財関係活動費の内訳

収入（運営資金）

収入は、TLOが平均で**8,582万円**、大学知的財産本部が平均**1億3,310万円**、TLO・知財本部一体型が平均**1億6,848万円**となっています。

TLOでのライセンス収入の比率は26.9％。大学知的財産本部の収入は、知的財産本部整備事業費（38.4％）、大学内部資金（35.6％）が大半を占めています。

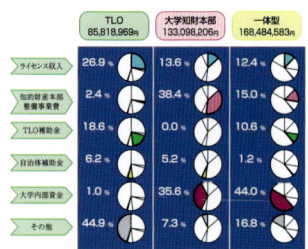

収入の内訳

第3章 3.1.3 収入と支出

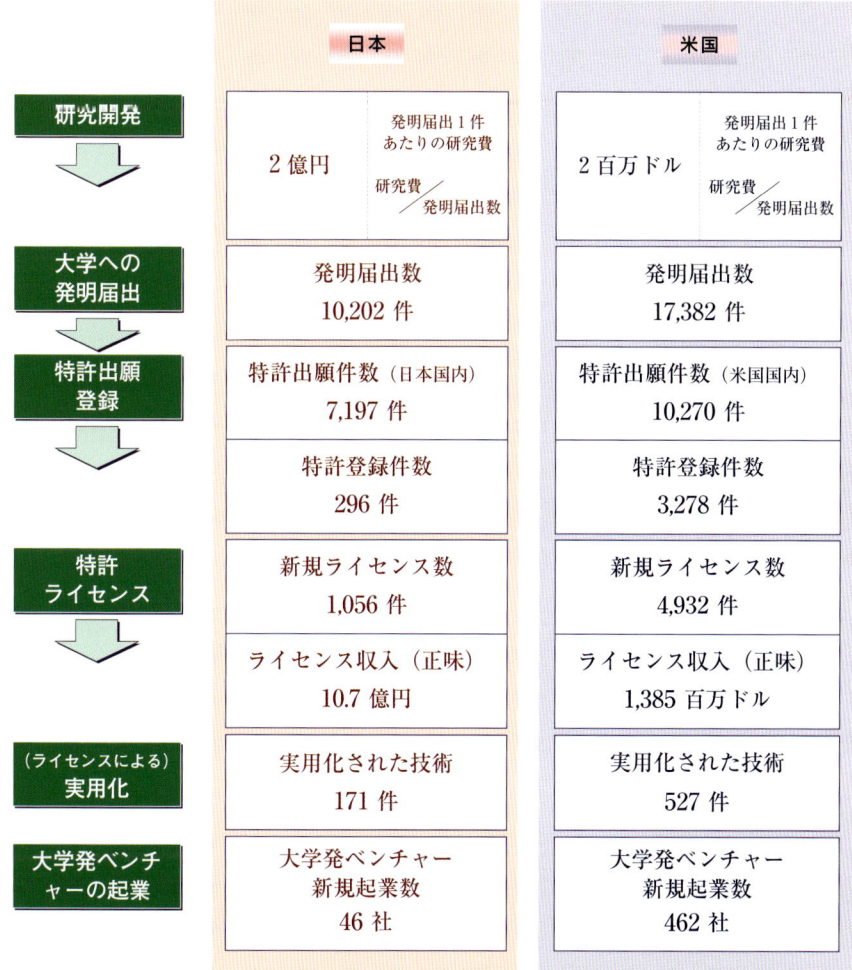

注： 米国のデータは、AUTM Licensing Survey 2005（ライセンス収入、及び大学発ベンチャー新規起業数のみ同2004）によるものであり、米国のTLO等約190機関の回答結果。
日本のデータは、TLO及び大学知的財産本部を対象とした今回のアンケート調査（回答数最大69機関）のほか、総務省（研究費）、文部科学省（発明届出数、特許出願件数）、特許庁（特許登録件数）から得たデータ。
それぞれの回答機関数や定義などは、後の章を参照されたい。

大学の研究費

2005年度における大学等の研究費（自然科学部門）総額は **2兆1,527億円** でした。
このうち、産学連携による大学の研究活動として、民間企業との **共同研究** および **受託研究** が行われています。
民間企業との共同研究は、2005年度は総額 **249億円** で、前年度比26.8%の増加。中小企業との共同研究も増加しました。
一方、民間企業からの受託研究は、総額 **123億円** で、前年度に比べ若干減少しています。

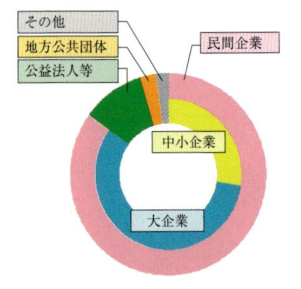

大学の共同研究相手先（件数比率）

第3章 3.2 研究費の現状

大学への発明届出

研究者から大学への発明届出は、2005年度に大学全体で合計 **1万202件** でした。2003年度の届出件数に比べ24.3%増加しています。
発明届出のあった大学数は153校（2003年度）から、**240校**（2005年度）へと56.9%増加しており、大学を通じて知的財産権を取得・管理する仕組みがわが国でも広がりつつあります。

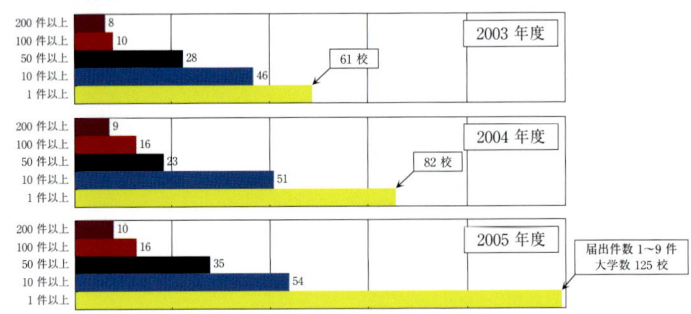

第3章 3.3 発明開示と特許

大学の特許出願、特許取得

特許出願件数は、全大学の総計で2005年度は、**8,527件**（国内出願7,197件、外国出願1,330件）となり、2003年度の約3.5倍と、大幅に増加しています。

大学における知的財産の管理体制が2003年度以降に整ってきたことで、発明届出件数の伸びと同時に特許出願も急増しているものと考えられます。また、産業界の産学連携に対する理解が進み、共同研究先の企業の経費負担による特許出願が可能となってきたこと、さらに、独立行政法人科学技術振興機構（JST）による特許化支援の充実も要因として考えられます。

特許登録件数は、2005年度は**400件**（大学名での登録、TLO名での登録の合計）となり、前年度に比較して約1.6倍に達しています。

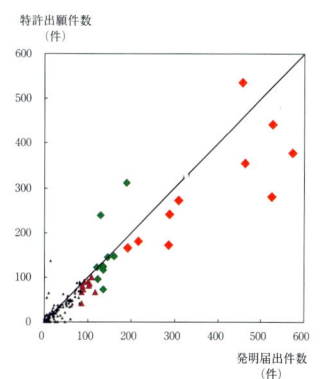

各大学の発明届出件数と特許出願件数の分布

第3章 3.3 発明開示と特許

ライセンス活動・ライセンス収入

2005年度に新たに締結された特許ライセンス契約は、65機関で合計**1,056件**。そのライセンス先の企業規模は、大企業43.0％、中小企業53.8％、新たに設立した企業3.2％となっています。

2005年度末までに契約が継続中のライセンス契約は**2,731件**あり、このうちランニング・ロイヤリティ収入を生じたライセンス契約は**480件**（17.6％の割合）です。2005年度中にTLOと大学知的財産本部が受領した正味のライセンス収入（譲渡収入、契約一時金等を含む）は**10億7,183万円**でした。

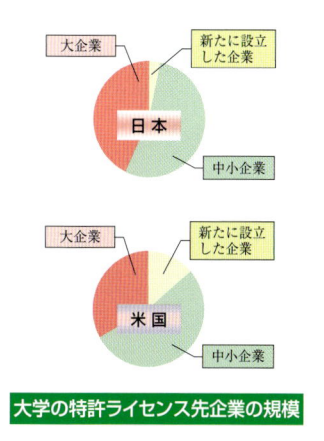

大学の特許ライセンス先企業の規模

第3章 3.4 ライセンス等の業務実績

7

大学発ベンチャーの状況

"TLO等がライセンスした技術を基に起業した大学発ベンチャー"が2005年度にあったとした機関は19機関あり、その起業件数の合計は **46社** でした。

2004年度以前に起業したものも含め、2005年度末時点で活動を継続している"TLO等がライセンスした技術を基に起業した大学発ベンチャー"があると回答したのは33機関で、その合計企業数は **168社** となっています。

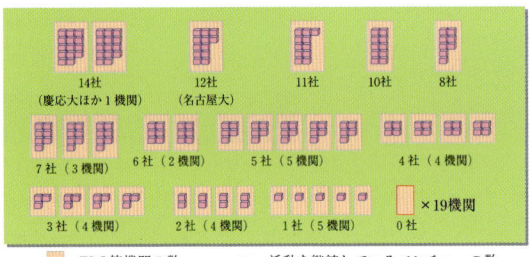

活動を継続中の大学発ベンチャー

14社（慶応大ほか1機関）　12社（名古屋大）　11社　10社　8社
7社（3機関）　6社（2機関）　5社（5機関）　4社（4機関）
3社（4機関）　2社（4機関）　1社（5機関）　0社　×19機関

■ TLO等機関の数　■ 活動を継続しているベンチャーの数

第4章 大学発ベンチャーの活動

新製品と技術

大学からTLO等を通じてライセンスした技術が2005年度に実用化された事例は、**171件** ありました。

大手メーカーへのライセンスの例では、九州工業大学で開発された特許技術が、㈱東芝の携帯音楽プレーヤーに採用され『ギガビート』として製品化されています。

2004年度以前に376件が実用化されていることから、2005年度末までに合計で **547件** がTLO等を通じて実用化されたことになります。

立体動作型体深筋トレーニングマシン

第1章 ライセンス活動から生じた新製品と新技術

目　次

巻頭言
大学技術移転サーベイの発刊に際して　　大学技術移転協議会　新事業委員会委員長　藤田　隆史 … *12*
大学技術移転サーベイへの期待　　文部科学省　研究環境・産業連携課　技術移転推進室 …………… *14*
大学技術移転サーベイの創刊に寄せて　　経済産業省　大学連携推進課 ………………………………… *14*

第1章
ライセンス活動から生じた新製品と新技術
ライセンス活動から生じた新製品と新技術 …………………………………………………………… *20*
　1）東芝ギガビート（製品名）……………………………………………………………………… *22*
　2）立体動作型深筋トレーニングマシン ………………………………………………………… *25*
　3）カーボンリングライト（製品名）……………………………………………………………… *26*

第2章
大学技術移転サーベイの実施について
2.1　データの収集 ……………………………………………………………………………………… *28*
2.2　回答機関 …………………………………………………………………………………………… *31*

第3章
TLOと大学知的財産本部の現状
3.1　組織体制及び運営の現状 ……………………………………………………………………… *34*
　　3.1.1　事業開始年／*36*
　　3.1.2　TLO及び大学知的財産本部の体制／*39*
　　　　（1）スタッフの総数・*39*
　　　　（2）スタッフの役割・*44*
　　3.1.3　支出と収入／*54*
　　　　（1）支出（知的財産に関連した活動費）・*56*
　　　　（2）運営資金（機関の収入）・*66*
3.2　研究費の現状 ……………………………………………………………………………………… *71*
　　3.2.1　大学等の研究費総額／*73*
　　3.2.2　共同研究／*74*
　　3.2.3　受託研究／*80*
　　3.2.4　科学研究補助金／*85*
3.3　発明開示と特許 …………………………………………………………………………………… *87*
　　3.3.1　発明開示／*90*

         3.3.2　特許／*95*
              (1) 特許出願件数・*95*
              (2) 出願公開件数・*104*
              (3) 特許登録件数・*105*
  3.4　ライセンス等の業務実績 ……………………………………………… *108*
       3.4.1　各種業務の実績／*110*
       3.4.2　ライセンシー企業の規模／*120*
       3.4.3　独占的ライセンスの傾向／*123*
       3.4.4　ライセンス収入／*125*

第4章

大学発ベンチャーの活動

  4.1　ベンチャーの起業の実績 ………………………………………………… *132*
              (1) 大学発ベンチャーの起業・*132*
              (2) 大学発ベンチャーの設立後の状況・*140*
  4.2　TLO等による株式保有 …………………………………………………… *143*

第5章

参考データ

  承認・認定TLO（技術移転機関）一覧 ……………………………………… *146*
  大学知的財産本部整備事業 …………………………………………………… *148*
  大学知的財産本部整備事業　採択一覧 ……………………………………… *149*
  承認TLOとは ………………………………………………………………… *150*
       大学等技術移転促進法（TLO法）について／*150*
  認定TLOとは ………………………………………………………………… *153*
       経済産業大臣による認定を受けたTLO／*154*
       その他認定を受けたTLO／*155*

図面及び図表索引 ……………………………………………………………… *158*

「大学技術移転サーベイの発刊に際して」

大学技術移転協議会　新事業委員会委員長　藤田　隆史
（東京大学産学連携本部本部長）

　2007年は、1998年のTLO法から10年目、2003年知財本部整備事業開始から5年目の節目に当たる年であり、大学技術移転事業を如何に成長発展させて行くかを見定める重要な年になっています。日本における大学技術移転は、米国の20年に比べほぼ半分の歴史しかありませんが、ようやく立上げに奔走した時期を脱して、ある程度冷静にPlan-Do-Seeサイクルを回して自分たちを評価する（See）ことが必要な時期に来ています。

　文部科学省、経済産業省から大学知財管理・技術移転に関しての詳細な統計資料が公開されており、それに基づいた分析調査報告も出されています。しかし、TLOと知財本部の双方を同時に対象とした統計資料は余り無く、日本の大学技術移転分野全体に対する把握は、社会一般の方々だけでなく私たち大学技術移転に携わる者にとっても必ずしも容易ではありませんでした。また、海外からも日本の統一的な統計データの発表を要求する声が上がっていました。そこで、大学技術移転協議会は、この分野のパフォーマンスを評価できる統計データを調査し、公表することが責務であると考え、「サーベイ」発行の準備を進めて参りました。

　米国の大学技術移転では1980年代から、毎年AUTMサーベイとして統計データが発表されています。協議会の新技術委員会では国際的な比較が出来ることも念頭に置いて、AUTMサーベイのアンケートを手本として日本固有の状況も考慮した調査項目と内容を作成しました。また、企画段階から文部科学省、経済産業省両省の担当者のご参加を得ることが出来、その中で両省のアンケート等で収集され既に公表されたデータをこのサーベイに組み込むことのご許可が頂けた結果、両省の調査項目と重なる部分は協議会のアンケートから外せるようになり、アンケート項目を大幅に削減することが出来ました。

2006年10月に実施した第1回アンケートは、会員機関の93%以上から回答を得ることが出来ました。面倒な回答作業にご協力頂いた会員機関に感謝しています。

　TLOや知財本部内の役割別人員構成やライセンス供与による大学発ベンチャー数、実用化された技術件数等、これまで正確な数が把握できていなかった基本的なデータがこのサーベイで報告されており、大学技術移転に携わる者にとって貴重な情報を得ることが出来ます。一方、本サーベイをご覧になればお分かりのように、大学知財管理・技術移転の全体に関する統計データが収集されて整理されており、この分野のパフォーマンスが一読して理解できますので、この分野の全体像が社会一般の方々にもご理解頂けるようになっております。

　今後毎年アンケートを実施しサーベイを更新して行く予定ですので、3、4年後には経時的変化のデータも提供できるようになり、この業界のパフォーマンスについて更に多面的な報告ができるようになります。また、大学技術移転事業に真に貢献するサーベイとなるよう、本サーベイの収集データの項目・内容や分析に対して、皆様のご指摘・ご教示を賜りますようお願い申し上げます。

　最後になりますが、本書の出版を引き受けて下さった発明協会には、原稿の校正やデザインと云った発行業務以外に、多大なご支援、ご協力を頂きました。榎本吉孝部長（現・特許庁）を始めとする発明協会の方々に深く感謝を表したいと思います。

「大学技術移転サーベイへの期待」

文部科学省　研究環境・産業連携課　技術移転推進室

「大学技術移転サーベイ」の創刊にあたりまして一言御挨拶申し上げます。昨年、教育基本法が60年振りに改正され、大学の役割について改めて「大学は学術の中心として、高い教養と専門的能力を培うとともに、深く心理を探求して新たな知見を創造し、これらの成果を広く社会に提供することにより、社会の発展に寄与する」と規定されました。

「知の世紀」と呼ばれる21世紀、我が国は、めまぐるしい国際環境・経済社会の変化の最中にあります。そして、持続的な成長を達成していくためには、イノベーションの創出が必要不可欠です。その中核となる革新的な技術を創造し、その事業化により社会に還元していくためには、知的財産の創造・保護・活用からなるいわゆる「知的創造サイクル」を加速していくことが大きな課題であり、これが我が国の国際競争力の命運を握っていると言っても過言ではありません。

本年6月に閣議決定されました、長期的戦略指針「イノベーション25」におきましても、将来のイノベーションの種となる基礎研究、最先端科学技術への投資を充実させるのみならず、その成果を社会に迅速に届けるための効率的な仕組みが必要とされ、その一つとして大学の知的財産戦略の強化をはじめとした、知的財産戦略・標準化の新たな展開が位置付けられております。

文部科学省では、これまでも「大学等技術移転促進法」による大学等の研究成果の技術移転の推進、「大学知的財産本部整備事業」による大学等の知的財産の一元管理体制の整備、技術移転機関（承認TLO）への国立大学法人からの出資など、大学の成果が迅速に社会へ還元できるような施策を講じてまいりました。この結果、国内における産学官連携や大学等における知的財産活動は着実に進展しています。一方で、国際的な産学官連携活動は必ずしも十分ではなく、大学等の基本特許の国際的な戦略取得、海外企業からの受託研究・共同

研究の受入れの拡大等が求められています。そのため、大学の海外特許出願の支援とともに国際的に通用する知財人材の育成、国際法務機能の強化と紛争予防など、大学等の戦略的・組織的な産学官連携体制の整備に着手したところです。

　このような状況の中、このたび、貴協議会が発行した「大学技術移転サーベイ」は、我が国の産学官連携活動の動向が分かるだけでなく、各大学等が国際水準に見合う産学官連携体制の整備と知的財産戦略を十全に展開するための参考となると考えております。

　貴協議会における活発な活動等を通じて、今後ますます産学官連携活動が活発化し、イノベーションの創出を通じた我が国の国際競争力の強化に寄与することを祈念いたします。

「大学技術移転サーベイの創刊に寄せて」

経済産業省　大学連携推進課

　「大学技術移転サーベイ」の創刊おめでとうございます。創刊にあたり一言ご挨拶申し上げます。

　現在、我が国経済は、総じてみれば民間主導の息の長い景気回復を続けておりますが、中長期的には国際競争の激化、少子高齢化等の課題を抱えております。こうした課題に対応しながら持続的な経済成長を達成していくためには、イノベーションを起爆剤にした経済成長を実現することが不可欠です。

　その中で大学は、イノベーションの種となる基礎的な研究成果の創出元、高度人材の輩出元として、イノベーションの創出に欠かせない存在です。他方、製品やサービスの提供を通じた付加価値の創出はやはり産業界が得意とするところであり、役目でもあります。産学連携とは、イノベーションの種というべき大学における「知」と、産業界における具体的な製品やサービスとして社会で活用できる形に結実させる力が連携し、知の融合と人の交流を行うことによって、それぞれの役割を相互に高めあう活動に他なりません。このような産学連携の意義、重要性を、大学・産業界の双方が再認識し、お互いの立場や役割を尊重した上で、イノベーションの創出に向け取り組んでいくことが必要であります。

　これまでも、TLOや大学知的財産本部が整備され、研究成果の権利化、ライセンス活動を中心とした多様な産学連携が行われ、ロイヤリティー収入も大幅に拡大してきています。一方、御案内のとおり、国立大学の法人化後のTLOと大学知財本部の関係やTLO事業自体の在り方について、様々な問題点が指摘されていることも事実です。特に、狭い意味での「ライセンス活動」でだけではTLOの経営は困難であるといった指摘もあります。更には、TLOは国立大学が法人化される前にできた制度であり、もはや役割を終えたのではないかといった声も聞こえます。

こうした状況を打破し、イノベーション創出に向けて大学の知と社会とをより強固に結びつけていくためには、まずはライセンス活動を中心とした考え方から脱却し、大学とTLOとの関係、関係機関と地域との関係等を多面的に再考した上で、権利化、ライセンス活動のみならず、共同研究、技術相談等産学間を結ぶ様々な機能を有機的に結びつけ一体的に運営する、より高度な産学連携を構築する収組を行うことが求められます。また、こうした機能を具現化する形態としては、全てを大学内部に整備する場合もあれば、一部の機能を外部機関と連携することで、より効率的なものとすることも考えられ、いわば各大学等の関係者が、それぞれの状況に応じた最適な体制を選択することが求められるでしょう。

　更に、持続的なイノベーションの創出といった観点から、こうした産学連携活動が社会にどのようなインパクトをもたらしているかにつき、各方面の理解を得ることが不可欠であります。特に、大学、TLOをはじめとする関係者は、自らの活動の社会的、経済的意義を評価し、それを説明する責任を有しているといえましょう。

　本サーベイは、全国の大学、TLOの組織体制や運営の現状を把握することができ、また、これらの米国との比較を行うことができるものであり、これにより関係機関が自らの取組を見直し、望ましい仕組みへの改革を促すとともに産学連携の意義や社会的重要性について説明責任を果たすために非常に有用なツールになるものと考えます。本サーベイを通じ、次の時代に向けた産学連携への取組がますます盛んになることを祈念いたします。

第1章
ライセンスから生じた新製品と新技術

New Products and Technologies Resulting from Licensing Activities

ライセンス活動から生じた新製品と新技術

　技術移転機関（TLO）や大学知的財産本部は、大学等で生じた研究成果を知的財産権のライセンス等によって産業界に移転し、その技術を実用化・製品化に導いて社会で活かしていくこと、新規産業の創出やイノベーション創造に導いていくことを目標に活動しています。

　その成果は、新たに実用化、商業化された「新製品」として私たちの前に登場する場合もありますし、エネルギー効率の向上や軽量化、リサイクル化、あるいは製造コストの減少など産業技術の向上を通じて私たちの生活を改善してくれる場合もあります。

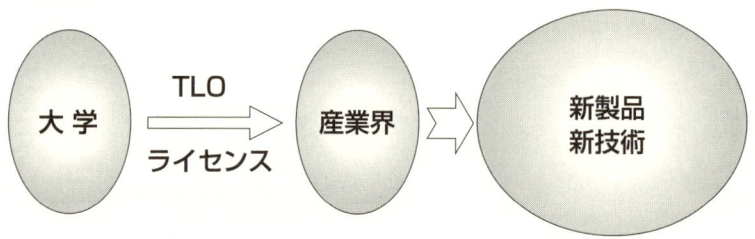

　この章では、TLOや大学知的財産本部（本サーベイへの回答機関：69機関）を通じてライセンスされた大学の技術を基に、新たに製品として一般消費者に販売されたり、製造工程の一部として利用されたりして、実用化・商業化された大学の技術について紹介します[1]。

---

[1] 実用化の把握が困難な事例については、ランニング・ロイヤリティが発生していることを実用化の目安としました。

第1章　ライセンス活動から生じた新製品と新技術

　TLOや大学知的財産本部を通じてライセンスされた大学の技術を基に、2005年度に新たに実用化された事例のあった機関は38機関あり、新たに実用化された事例の合計は、171件に達しています。このうち3件の技術・製品については、次頁以降にその技術と製品を紹介します。

　また、2004年度以前の実績をみると、各機関を通じてライセンスされた大学の技術を基に2004年度以前に実用化・製品化の事例があった機関は43機関あり、その事例の累計は376件となっています。

　米国では同様に、2005年度においては151のTLO等機関が、527の新製品を市場にもたらし、1988年度から2005年度までの累計で3,641件に達したと報告されています。（AUTM Licensing Survey 2005）

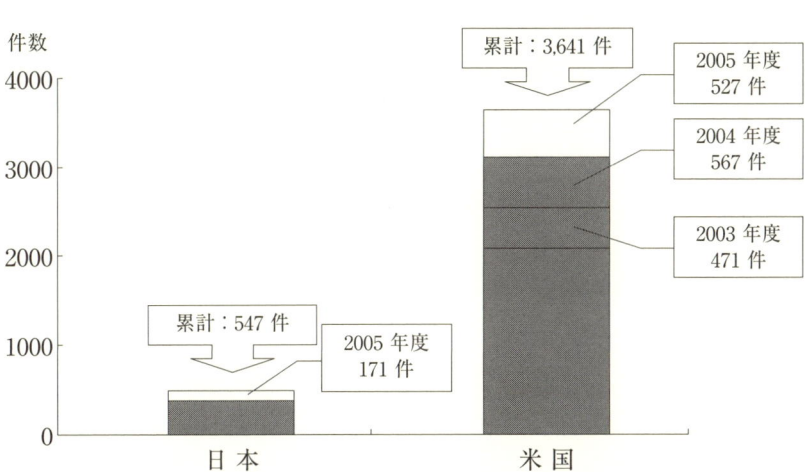

図1-1：大学やTLOのライセンスにより実用化された技術

1) 東芝ギガビート

国立大学法人　九州工業大学

　2005年度、九州工業大学は「高音域補間技術」に関するライセンス契約を、株式会社東芝と締結し、2006年4月には、この技術を搭載した携帯音楽プレーヤー「ギガビート」が同社より販売開始されました。

　近年、HDDやフラッシュメモリーを記録媒体とする携帯音楽プレーヤーが普及していますが、こうした携帯音楽プレーヤーでは、WMAやMP3などのデータ圧縮技術を用いて音楽データを圧縮しているため、高音域のデータが一部カットされてしまいます。携帯音楽プレーヤーでは、通信をとおして多くの曲を録音するため音質を犠牲にしているところがあり、音質にこだわるユーザーには必ずしも満足を与えるものではなかったのです。

　九州工業大学が開発した高音域補間技術は、この圧縮により失われた高音域のデータを独自のアルゴリズムで再生し、高音質のクリヤーな音を実現するもので、2005年に基本特許を出願し、2006年には改良特許を数件出願しました。この九州工業大学の技術が、高音質化を追求する株式会社東芝の製品コンセプトとマッチングして、技術移転につながったのです。

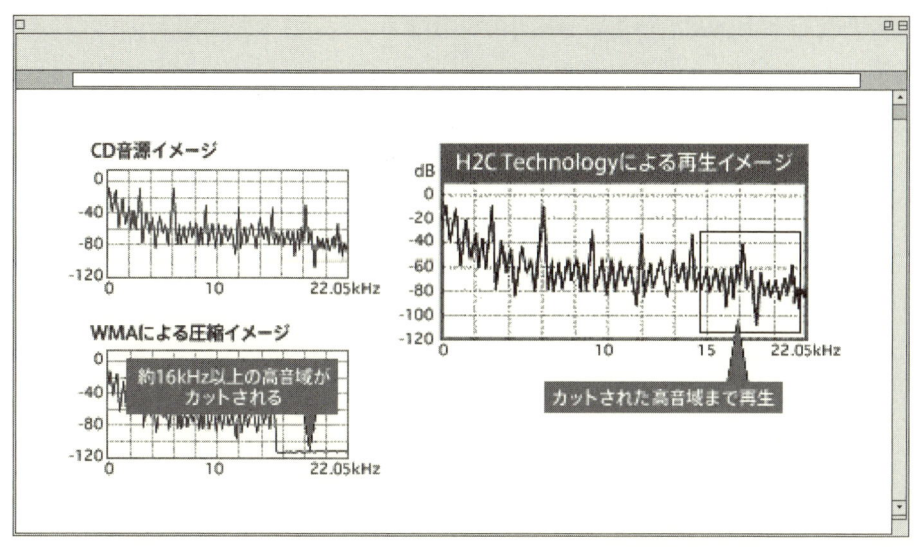

（株式会社東芝のHPより）

　九州工業大学ヒューマンライフIT開発センターでは、人々の生活の質の向上を目的として、人に優しいインターフェイス技術の開発に取り組んでいます。「音」に関するものでは、音声合成、音声認識、音声対話、音楽生成、雑音除去、ロスレス圧縮方式などの技術開発が進められていて、今回技術移転した「高音域補間技術」もこれらの技術開発の中で生まれた技術の一つです。このほかの開発技術についても、民間企業等への技術移転が精力的に進められており、製品化によって生活の中で活かされていくことになります。製品化に伴って得られるロイヤリティ収入は、職務発明規程に基づいて発明者と大学に配分され、大学が受け取ったロイヤリティ収入は知的創造サイクルを回す原資として使用されます。

株式会社東芝の新製品発表プレスリリースより

(http://www.toshiba.co.jp/about/press/2006_04/pr_j1001.htm)

HDDオーディオプレーヤー「gigabeat®(ギガビート)」新シリーズの発売について

2006年4月10日

動画にも対応した「gigabeat® S30」と「gigabeat® S60V」

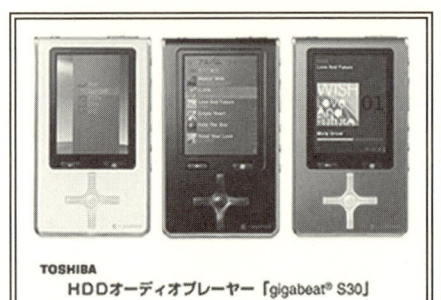
TOSHIBA
HDDオーディオプレーヤー「gigabeat® S30」

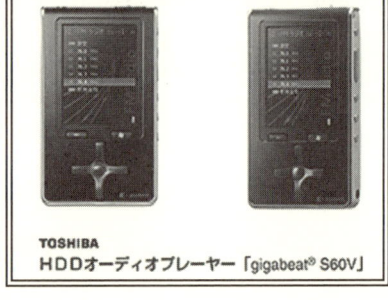
TOSHIBA
HDDオーディオプレーヤー「gigabeat® S60V」

(中略)

　新製品は、今回新たに開発*した音質改善テクノロジーである「H2Cテクノロジー」を搭載しています。Windows Media® Audio (WMA) やMPEG-1 Audio Layer3 (MP3) などのデータ圧縮時にカットされていた高音域(約16kHz以上)を独自のアルゴリズムにより補完し、中音域から高音域まで自然な音質で再現します。すでにお持ちのWMAやMP3オーディオデータに手を加えることなく小さいファイル容量でもCDの音源に迫るサウンドをお楽しみいただけます。また、元の音源を損なうことなく圧縮するWMA 9 Losslessにも対応し、本来の自然な音質で再生することができます。30GB HDD搭載の「gigabeat® S30」は約7,500曲、60GB HDD搭載の「gigabeat® S60V」は約15,000曲を保存し、楽しむことができます。

　*国立大学法人　九州工業大学のヒューマンライフIT開発センターが有する基本技術と当社が有する応用技術を融合することでH2Cテクノロジーを開発しました。

2) 立体動作型体深筋トレーニングマシン

国立大学法人　東京大学

　東京大学・小林寛道名誉教授の提唱する「脳を中枢とした総合的な運動神経機構を改善し、身体操作能力や身体諸器官の機能を回復・向上させる」トレーニングマシンの技術が実用化されました。

　筋や心臓・循環器を個別に鍛える従来の方法とは異なり、身体の基本的な動きを体全体でとらえ、さらには神経系の動きにまで注目するのが特徴で、科学的な分析、理論に基づいています。

　こうしたコンセプトのトレーニングには、その機能ごとに見合ったマシンやトレーニング方法が必須で、瞬発力を高めるマシン、大腰筋などの体深筋を鍛えるマシンなど、さまざまなマシンがスポーツ・ウエルネス総合企画研究所によって製品化・販売されています。

　これらのマシンはスポーツ競技のトレーニングにとどまらず、子どもの体力向上、高齢者の寝たきり予防など、その目的は幅広く、スポーツジム、教育機関、医療施設などに設置されています。

（総販売元）
株式会社スポーツ・ウエルネス
総合企画研究所
〒411-0033
静岡県三島市文教町1-7-25
電話：055-988-5824
ホームページ
　：http://www.spowell.co.jp

3) カーボンリングライト（製品名）

関西TLO株式会社

　大学医師が発明した「耳鼻咽喉科用照明付観察装置」を、特許出願・権利化するためTLOが権利譲渡を受け、特許出願手続きを進めて特許を取得しました。TLOでは、この技術のライセンスも進め、製品化に至りました。

　この発明は、耳鼻咽喉科の医師が使用する"額帯鏡"に代わるものです。これまでの額帯鏡は、中央に覗き穴が開いた凹面鏡を額（ひたい）の位置で調整して、凹面反射鏡により周囲の照明光を患部の穴内部に集光し、医師が覗き穴をとおして観察するものでしたが、照明装置を別途用意する必要があり、また、使いこなすのに熟練を要しました。

　この発明の装置を用いれば、使用者である医師等はとくに扱いに熟練を要することなく、近接した位置にある小さなサイズの対象物を観察したり、観察しながら作業を行ったりすることができます。使用者である医師から生まれた発明であるため、現場のニーズが反映されており、すでに各地の病院で導入されています。

第2章
大学技術移転サーベイの実施について
Conduct of the Licensing Survey

2.1 データの収集
Data Collection

本サーベイは、わが国の大学及び技術移転機関（TLO）全体について、その知的財産の管理と活用の活動を総括する役割を担っていくことを目的として作成しております。

(1) わが国の主要大学とTLOを網羅したデータ

サーベイの取りまとめ・総括に必要なデータを収集するため、TLO及び大学知的財産本部の活動についてアンケート調査を実施しました。調査主体となった大学技術移転協議会は、これらTLO及び大学知的財産本部を会員として構成された組織であり、その会員数はアンケートを実施した2006年度10月時点で74機関に達しており、わが国において自然科学系の研究を担っている主要な大学とTLOを網羅しています。今回実施したアンケートでは、会員機関に加えて現時点で会員ではない2つのTLOにもアンケートへの協力を依頼しました。

また、文部科学省、経済産業省、特許庁、総務省が公表しているデータも活用し、大学における研究開発から、その権利化、企業へのライセンスまで、知的財産管理・活用の活動について全体を見通した総括を行いました。

データは、一部を除き各機関の2005年度の活動について収集しました。また、アンケートの設問項目には、各機関において秘密性の高い情報も含まれていることから、各設問項目別に公表の可否についても各機関の回答を得ています。本サーベイでは、基本的に、各機関の回答データを統計処理し、平均値や回答機関数の分布などを示すこととし、特徴的な回答があった機関について「公表可」の回答があれば、その機関名を示したコメントを記すこととしました。

（2）米国との比較を可能にしたデータ収集

　米国では、1974年に設立された米国大学技術移転管理者協会・AUTM（The Association of University Technology Managers）が、TLO等の技術移転活動を取りまとめ、AUTM Licensing Surveyとして発表しています。本サーベイでは、アンケート調査の内容を、このAUTM Licensing Surveyの調査内容と揃えることにより、日米のデータ比較を可能としています。

　米国AUTMは、2005年度のAUTM Licensing Survey：FY 2005を2007年2月に発表しました。本サーベイでは、このAUTM Licensing Surveyから米国の発展経過と現状を参照し、わが国の現状をみることで、わが国の位置づけを把握しました。

《TLOと大学知的財産本部について》

　技術移転機関（TLO）と大学知的財産本部の機能・役割等の説明については、第5章参考資料をご覧ください。

　2005年度には、新たに2機関のTLOが大学等技術移転促進法[1]による承認を受け、この結果、2005年度末までに承認されたTLO（承認TLO）の総計は41機関、認定されたTLO（認定TLO）は4機関に至っています[2]。

2005年度に承認されたTLO

国立大学法人佐賀大学TLO	承認日：平成17年7月7日
株式会社 豊橋キャンパスイノベーション	承認日：平成17年9月5日

---

[1] 大学等における技術に関する研究成果の民間事業者への移転の促進に関する法律（平成10年5月6日・法律第52号。平成10年8月1日施行）。

[2] 第5章　参考データ「承認・認定TLO（技術移転機関）一覧」。2007年6月現在、承認TLOは44機関に至っています（千葉大学：平成18年7月7日承認、東京工業大学：平成19年4月2日承認、富山大学：平成19年6月12日承認）。

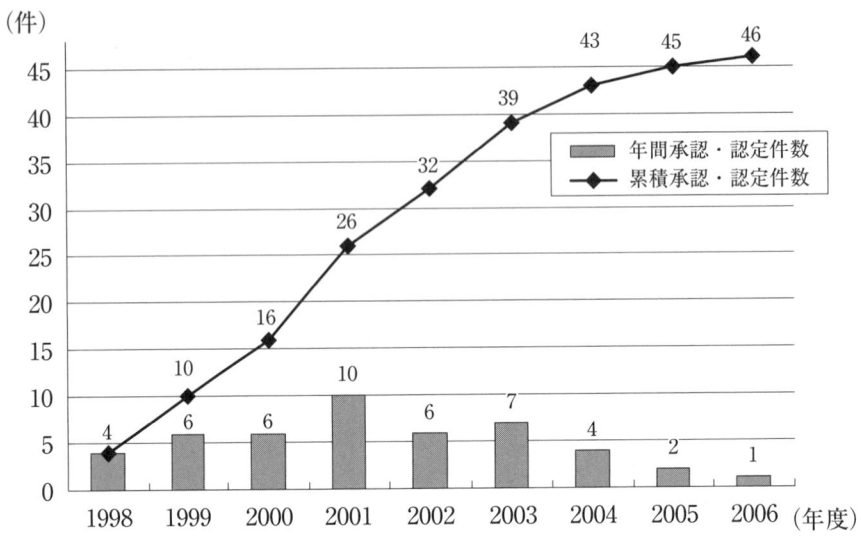

図2-1:大学等技術移転促進法によるTLOの承認・認定件数

一方、2003(平成15)年には、政府の大学知的財産本部整備事業により大学知的財産本部の体制整備が推進されました。同事業に採択された機関は34件(加えて、「特色ある知的財産管理・活用機能支援プログラム」に選定された機関が9件)です[3]。

本サーベイでは、承認・認定を受けずにTLO機能を構築している大学、あるいは、政府の整備事業による支援を受けることなく大学知的財産本部機能の構築を進めている大学についても、調査の対象となっています。

---

[3] 第5章 参考データ「大学知的財産本部整備事業 採択一覧」

2.2 回答機関

Respondents

本サーベイでは、各調査対象機関を次のように分類しています（詳細は次頁）。

Type 1： TLO
Type 2： 大学知的財産本部
Type 3： TLO・大学知的財産本部一体型

大学技術移転協議会の会員機関は、TLOが38機関と、大学知的財産本部36機関ですが、これらは、TLO（Type 1）32機関、大学知的財産本部（Type 2）34機関、TLO・大学知的財産本部一体型（Type 3）8機関に分類されます（一体型8機関のうち6機関が、大学技術移転協議会分類上のTLOに6機関、2機関が大学知財本部に分類されます。）。

今回のアンケートには、合計69機関から回答がありました。上記の分類に従えば、TLO：30機関（32機関中）、大学知的財産本部：31機関（34機関中）、TLO・大学知的財産本部一体型：8機関（8機関中）から回答があり、回答の比率は全体で93％に至り、ほぼ全体を網羅するデータが収集できました。

図2-2：サーベイ・アンケートに対する回答機関数（Type別）

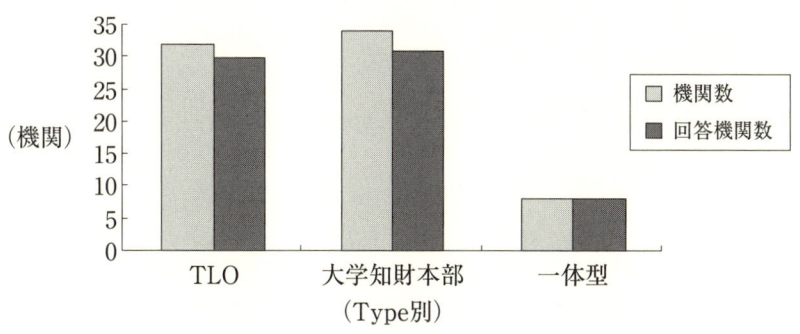

本サーベイでは調査対象機関を3種類に分類して分析しています。

TLO ································· Type 1：（ケース（1）と（2））
大学知的財産本部 ···················· Type 2：（ケース（1）と（2））
TLO・大学知的財産本部一体型 ········ Type 3：（ケース（3））

図2-3：TLO と 大学知的財産本部 の関係について

ケース（1） 大学知的財産本部 と 単独型TLO

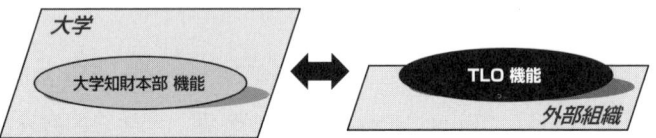

単独型TLOの例
(財)理工学振興会（東京工業大学）、(有)山口ティー・エル・オー（山口大学）などがあります

ケース（2） 大学知的財産本部 と 広域型TLO

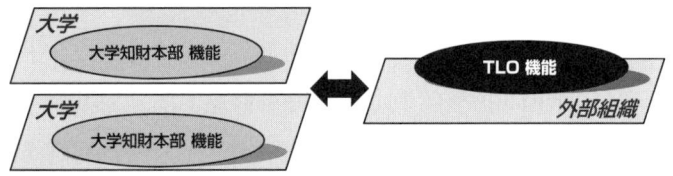

広域型TLOの例
(株)東北テクノアーチ（東北大学、岩手大学ほか）、関西ティー・エル・オー(株)（京都大学、立命館大学、同志社大学ほか）などがあります

ケース（3） TLO・大学知的財産本部一体型

私立大学でTLO機能と大学知的財産本部の機能を併せ持つ内部組織体制を構築しているケース（早稲田大学、慶応義塾大学、日本大学、明治大学など）

第3章
TLOと大学知的財産本部の現状

Results

3.1 組織体制及び運営の現状

Resources

　日本の大学における技術移転機関・TLOは、米国に比べ約20年遅れて始まったといわれています。大学等技術移転促進法などの制度整備の後、初期のころに設置されたTLOでは、同法による5年間の補助金交付期間はすでに経過しています。

　大学知的財産本部の整備も始まり、大学で創出される知的財産について、TLOと大学知的財産本部が連携して管理・活用する体制は、どのように構築されつつあるのでしょうか。

　この節では、本サーベイに回答をいただいた機関を主に(1) TLO、(2) 大学知的財産本部、(3) TLO・大学知的財産本部一体型の3つのタイプ（第2章参照）に分けて、組織体制と運営の現状についてみていくことにします。

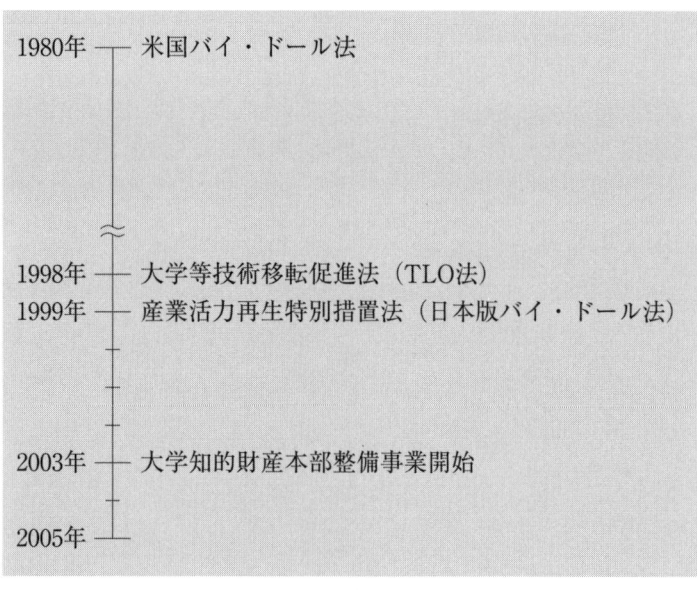

3.1　組織体制及び運営の現状

3.1.1　事業開始年　- *Maturity of Technology Transfer Programs*
3.1.2　TLO 及び大学知的財産本部の体制　- *Staff*
（1）スタッフの総数
《大都市圏と地方のスタッフ数》
《TLO 事業開始年とスタッフ数》
（2）スタッフの役割
《機関規模とスタッフの内訳》
《米国との対比》
《人件費の負担のないスタッフの数》
《弁理士資格を有するスタッフの数》
3.1.3　支出と収入
（1）支出（知的財産に関連した活動費）
《知的財産関連活動費の内訳》
《出願関係費用》
《出願関係費用についての企業の負担額》
《報償関係費用》
（2）運営資金（機関の収入）

3.1.1 事業開始年 - *Maturity of Technology Transfer Programs*

本サーベイに回答した69機関の事業開始年[1]を表3-1に示します。

1998年に大学等技術移転促進法（TLO法）が施行され、この年以降に我が国におけるTLOの設置が活発化してきました。この法律は、国の承認を受けた特定大学技術移転事業（TLO事業）に対する公的支援を定めたものです。したがって、同法による承認を受ける以前よりTLO事業を行っていた機関もあり、表の事業開始年は必ずしも同法による承認日ではありません。また同法は、承認を受けずに技術移転に携わることを排除するものではなく、東海大学のように同法の施行以前から先駆的に産学連携・技術移転の専門家を配置した組織体制を構築し、同法による承認を受けることなく活動してきた大学もあります。こうした承認TLO以外の大学技術移転組織も本サーベイでは対象に含めています。

表3-1：各機関の事業開始年

	TLO	知財本部	TLO知財本部一体型	総計
1996年以前	1	1	1	3
1997年	1			1
1998年	3		2	5
1999年	4		1	5
2000年	5		2	7
2001年	7		1	8
2002年	2	1		3
2003年	5	23	1	28
2004年	6	6		8

（1998年：大学等技術移転促進法の施行）
（2003年：大学知的財産本部整備事業の開始）

2003（平成15）年は、政府の大学知的財産本部整備事業による体制整備の推進や、国立大学の法人化による機関帰属（大学等研究者が創出した発明に対

---

[1] 「事業開始年」は、常勤就業者（フルタイム）に換算して0.5人以上の産学連携・技術移転の専門家を配置した年としています（AUTM Licensing Surveyと同様）。

する権利を大学が承継する）への移行があり、これらを契機に各大学で大学知的財産本部の整備が進んでいます。なお、政府の大学知的財産本部整備事業に採択されていない大学知的財産本部についても、本サーベイでは調査対象に含めています。

表3-1に示した各機関の事業開始年をグラフにすると図3-1のようになります。同図には、AUTM Licensing Surveyに示された米国におけるTLO等機関の事業開始年も示してあります。

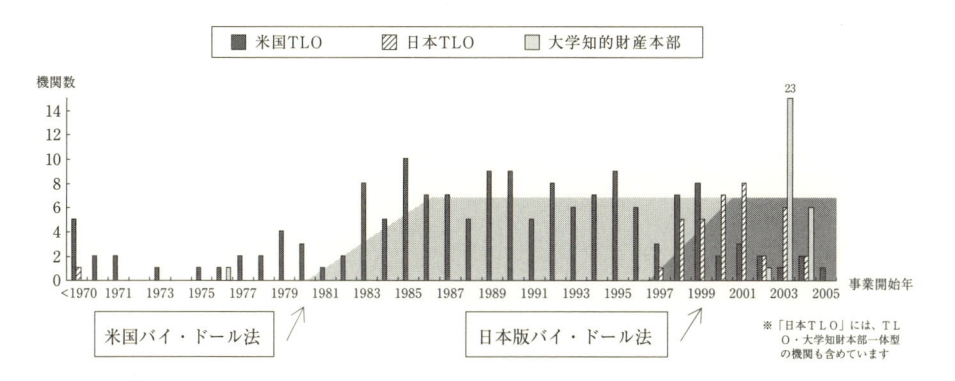

図3-1：各機関の事業開始年（米国との比較）

※「日本TLO」には、TLO・大学知財本部一体型の機関も含めています

米国でバイ・ドール法[2]が成立した1980年から、わが国で日本版バイ・ドール法（産業活力再生特別措置法[3]）が成立した1999年まで19年の遅れがあるように、日本のTLO等の活動は米国に約20年遅れて開始しました。

米国ではバイ・ドール法の成立以降、毎年6機関程度のTLOが事業開始する期間が長年続き、日本でも1998年以降は毎年、米国と同程度のペースでTLOが設置されてきています。

2003年以降、わが国では、各大学に大学知的財産本部が設置されるようになり、TLOと大学知的財産本部それぞれの役割が議論される状況となってい

---

[2] 米国特許商標法修正条項（1981年7月1日施行）。
[3] 平成11年8月13日法律第131号（平成11年10月1日施行。略称：産業再生法）。

ます。後にみるように、多くの地方大学などでも研究者からの発明届出や大学からの特許出願が始まるなど、大学における知的財産の管理・活用は裾野が広がってきており、その管理・活用を担っていく機関・組織体制を今後、どのように構築していくかを十分に検討する必要があります。

AUTM Licensing Survey 2004 では、次の4点を挙げて、TLO が技術移転事業の開始から実績が出るまでにはある程度の年数が必要であるとしています。

> *(1) Develop a portfolio of intellectual property to license*
> *(2) Build a body of expertise in technology transfer*
> *(3) Develop a culture in the institution that recognizes the benefits of technology transfer*
> *(4) Allow for licensees to develop and bring products to market*
> （AUTM Licensing Survey 2004）

わが国では、大学等技術移転促進法により、承認TLO及び認定TLOに対しては、承認あるいは認定から5年間は補助金交付による公的支援が行われます。

2005（平成17）年は、同法の施行から8年目にあたります。本サーベイでは2005年度におけるTLOの活動を対象に調査を行っており、以下に示す調査結果の分析にあたって、2000年度までに事業を開始したTLO（先行TLO）と、2001年度以降に事業を開始したTLO（後発TLO）とに分類して、TLOの活動実績を検討した項目があります。

TLO（Type 1）と、TLO・大学知的財産本部一体型（Type 3）を、以下の2種類に分類しました。

先行TLO	20機関	2000年度以前に事業開始したTLO（事業開始から5年超）
後発TLO	18機関	2001年度以降に事業開始したTLO（事業開始から5年以下）

第3章　TLOと大学知的財産本部の現状

3.1.2　TLO及び大学知的財産本部の体制　- *Staff*

　本節では、機関の種類別（TLO、大学知的財産本部、及びTLO・大学知的財産本部一体型（「一体型」と略称））に、スタッフの人数やその役割（職種）をみることにより、TLO及び大学知的財産本部の体制の現状や、それぞれが大学に対して果たしている役割を探ります。

(1) スタッフの総数 （2006年5月1日時点の人員数）

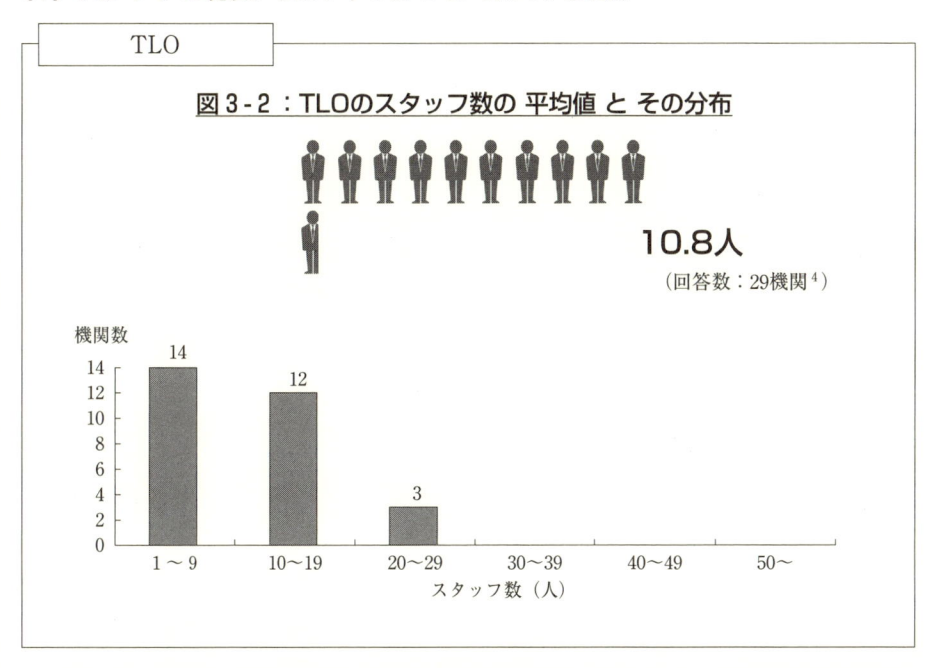

```
TLO
```

図3-2：TLOのスタッフ数の 平均値 と その分布

10.8人
（回答数：29機関[4]）

機関数

スタッフ数（人）	機関数
1～9	14
10～19	12
20～29	3
30～39	
40～49	
50～	

　TLOのスタッフ数は、回答した29機関の平均で10.8人となっています[5]。
　分布を見ると、承認TLOでは、（株）キャンパスクリエイト、（財）理工学振興会のスタッフ数が約20人と最も多く、その他の承認TLOはすべて20人に満たない状況です。とくにスタッフ数が少ないケースでは、3人（2機関）や5人（3機関）程度のスタッフで株式会社あるいは財団法人の組織を運営しているTLOもあり、また、その多くは広域型TLOでもあります。

39

大学知的財産本部

図3-3：大学知的財産本部のスタッフ数の 平均値 と その分布

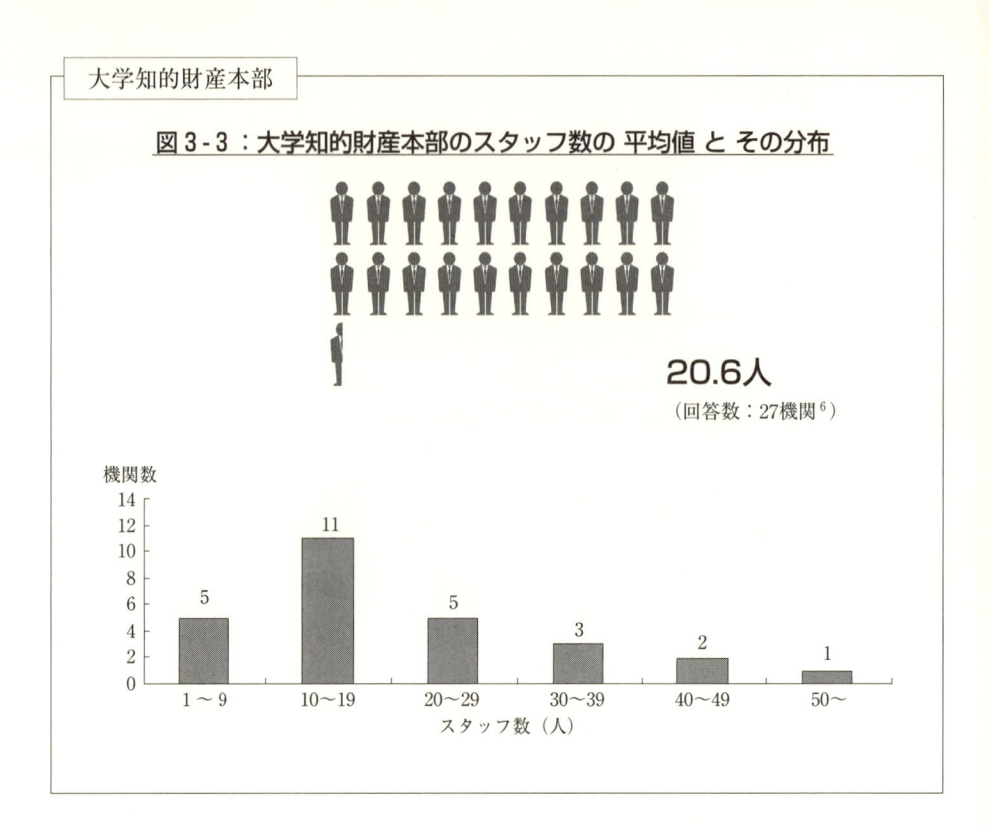

20.6人
(回答数：27機関[6])

スタッフ数（人）	機関数
1～9	5
10～19	11
20～29	5
30～39	3
40～49	2
50～	1

　大学知的財産本部のスタッフ数は、回答した27機関の平均で20.6人となっています。分布をみると、割合では10～15人程度の大学知的財産本部が中心的になっています。

　TLOの場合と比較すると、全体の分布をみても、20人以上のスタッフを有する機関も多いなどスタッフ数は多い傾向にあり、50人を超えるスタッフ数を回答した機関もあります。大学知的財産本部では、大学の知的財産管理、とくに特許出願の管理事務などを担うため、発明届出数や特許出願数に応じたスタッフ数を抱える必要があると考えられます。

　スタッフ数が少ないケースとしては、山梨大学知的財産経営戦略本部で全スタッフ数が5.6人となっています。山梨大学の場合には単独型TLOの（株）山梨ティー・エル・オーが学内にあり、大学知的財産本部とTLOが連携して活動しているという事情があると考えられます。

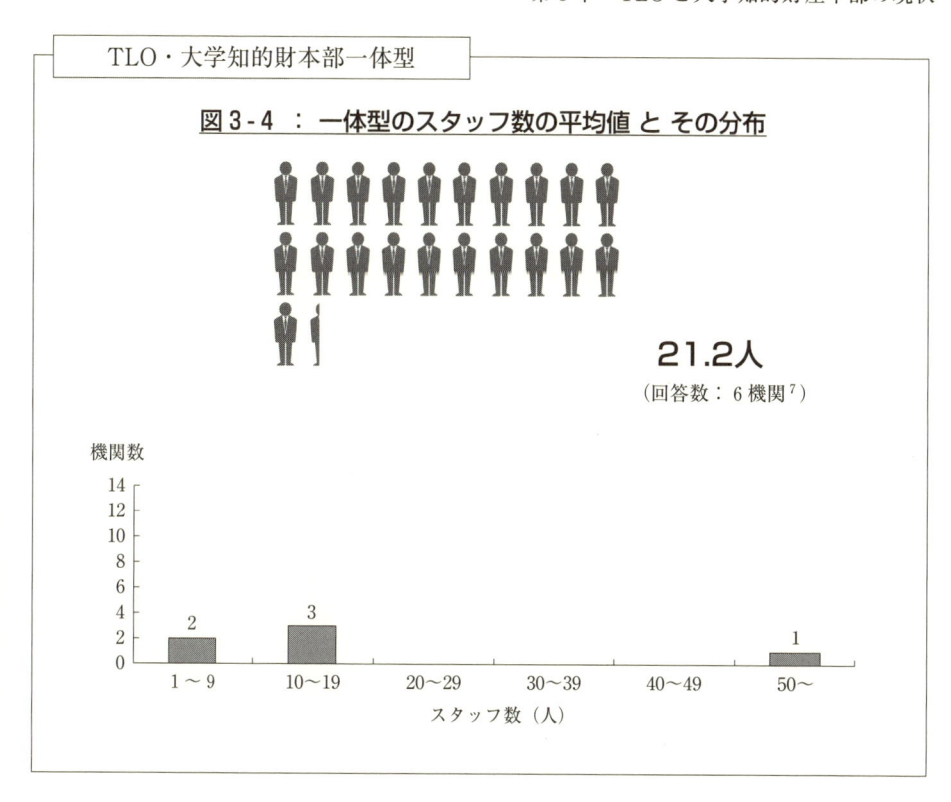

第 3 章　TLO と大学知的財産本部の現状

TLO・大学知的財本部一体型

図 3-4：一体型のスタッフ数の平均値 と その分布

21.2 人
（回答数：6 機関[7]）

スタッフ数（人）	機関数
1〜9	2
10〜19	3
20〜29	
30〜39	
40〜49	
50〜	1

　TLO・大学知的財産本部一体型のケースについては、回答機関が 6 機関であり、50 名以上のスタッフ数を回答した機関が 1 機関あるため、単純平均人数は多くなっていますが（21.2 人）、大学知的財産本部と同様に 10〜15 人程度が中心的な値となっています。

---

[4] TLO のうち担当者数の合計に回答した機関数。
[5] 多くの機関が非常勤あるいは短時間就業によるスタッフを擁しています。非常勤・短時間就業によるスタッフについては、常勤（フルタイム）スタッフの就業時間を 1.0 とした場合の就業時間の割合で換算人員数としています（例えば、常勤スタッフが週 40 時間の勤務をする場合に、週 30 時間勤務する非常勤・短時間スタッフは、0.75 人と数えています。）。
[6] 大学知的財産本部のうち担当者数の合計回答した機関数。
[7] TLO・大学知的財産本部一体型のうち担当者数の合計を回答した機関数。

《都市圏と地方のスタッフ数》

　各機関のスタッフ数を大都市圏[8]と地方で分けて表示すると、図3-5のようになります[9]。それぞれの平均値をみると（表3-2）、大都市圏の機関のスタッフ数が若干多くなっています。

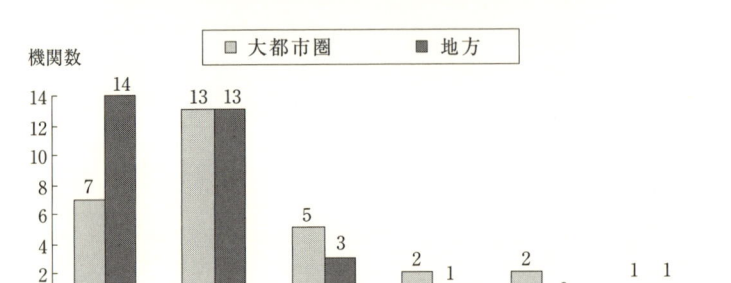

図3-5：各機関のスタッフ数の分布（地方別）

スタッフ数（人）	大都市圏	地方
1～9	7	14
10～19	13	13
20～29	5	3
30～39	2	1
40～49	2	0
50～	1	1

表3-2：各機関のスタッフの平均人数（機関・地方別）

	都市圏	地方
TLO（Type1、3）	15.5人	9.8人
大学知的財産本部	23.9人	17.6人

　都市圏では、規模の大きな大学が多いことから、各機関の組織体制も大きくなると考えられます。

　一方地方では、共同研究や研究成果の移転先（ライセンシー）となり得る企業が、大学やTLOの近隣には多く存在せず、遠隔地であっても都市圏の企業を対象として技術移転活動等を行うケースも多くなると考えられます（本サーベイ　第3.4.2）。また、地方のTLOでは「地域貢献」という役割も期待されているところであり、地方公共団体等からの支援を受けているケースもあります（本サーベイ　第3.1.3）。

---

[8]　大都市圏は、東京、神奈川、千葉、大阪、京都、兵庫、愛知としています。
[9]　スタッフ合計人数に回答のあった62機関。都市圏の機関：32機関、地方の機関：30機関。

《TLO事業開始年とスタッフ数》

　TLOの事業開始年別に、各機関のスタッフ数を示すと図3-6のようになります（対象はTLO（Type 1）、TLO・大学知的財産本部一体型（Type 3）のうち回答のあった35機関）。

　後発TLO（2001年度以降に事業開始）のスタッフ数の平均は8.9人であり、これに対し、先行TLO（2000年度以前に事業開始）のスタッフ数は10～14人が中心的となっています。

　これは、先行TLOの事業が事業開始後に年々進展し、組織が拡大したことを示しているとも考えられますが、むしろ、先行TLOには、科学技術研究の規模が大きい（発明届出数や特許出願数の多い）大学の技術移転を担っているTLOが多いことから、これが両者に差が生じる要因と考えられます。

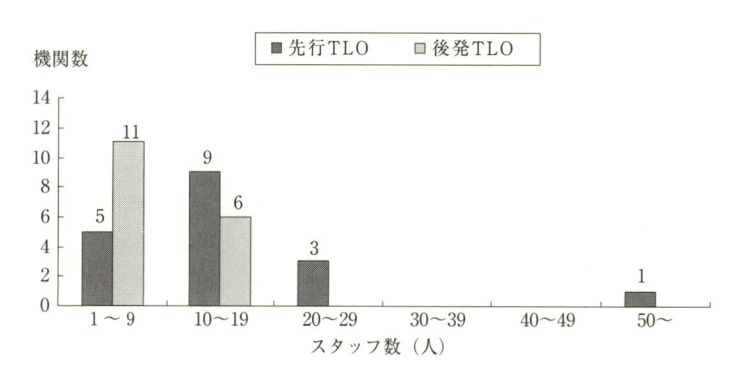

図3-6：TLO各機関のスタッフ数の分布（事業開始年別）

スタッフ数（人）	先行TLO	後発TLO
1～9	5	11
10～19	9	6
20～29	3	
30～39		
40～49		
50～	1	

(2) スタッフの役割

　各機関におけるスタッフの担当業務について、(1) 事務、(2) ライセンス・知財管理業務、(3) 共同研究・リエゾン業務、(4) 大学発ベンチャー支援業務に分類すると[11]、図3-7のようになります。[12]

(1)の事務職員の人数比率は大学知的財産本部で相対的に高くなっており、一方、TLO、とくに複数大学と連携している広域型のTLOでは低くなっています。

　広域型TLOでは、大学内部で行うべき事務のスタッフは不要である一方、大学知的財産本部あるいは特定の大学と連携している単独型や大学知的財産本部一体型のTLOでは、大学組織としての内部的な事務の業務も抱えることになり、事務職員の割合が相対的に高くなると考えられます。

(3)の共同研究・リエゾンの業務に携わる人数の比率も、同様な傾向を示しています。企業との共同研究やリエゾンの推進が、大学自体の役割であることを反映した結果と考えられます。

---

[10] 合計スタッフ数に回答したTLO29機関、大学知的財産本部27機関、TLO・大学知的財産本部一体型6機関についての合計スタッフ数の平均値。

[11] 複数の担当を兼務するスタッフについては、各担当業務に従事する割合で按分し計算しています。例えば、週3日をライセンス・知財管理、残りの2日を共同研究・リエゾンに充てている場合、ライセンス・知財管理に0.6人、共同研究・リエゾンに0.4人を配分しています。

[12] 図3-7中の割合（%）は、各担当業務に従事するスタッフの比率を機関ごとに算出したのち、（各スタッフ数の回答とスタッフ数合計の回答が一致した期間のみを対象）当該比率を全機関について平均して算出した数値です。
　これに対し、各担当業務別に従事するスタッフの人数を全機関で合計し、各合計人数の割合及び一機関平均人数（各合計／機関数）を算出すると次のようになります。
　《TLO》
　　(1) 83.1人（25.9%、一機関平均2.8人）、　　(2) 168.0人（52.4%、同5.6人）
　　(3) 62.3人（19.4%、　　　同2.1人）、　　(4) 7.2人（ 2.2%、同0.2人）
　《大学知的財産本部》
　　(1) 183.4人（34.1%、一機関平均6.8人）、　　(2) 148.5人（27.6%、同5.5人）
　　(3) 171.4人（31.9%、　　　同6.3人）、　　(4) 33.9人（ 6.3%、同1.3人）
　《TLO・大学知的財産本部一体型》
　　(1) 103.5人（62.4%、一機関平均12.9人）、　　(2) 36.4人（21.9%、同4.5人）
　　(3) 22.3人（13.4%、　　　同 2.8人）、　　(4) 3.8人（ 2.3%、同0.5人）

第3章　TLOと大学知的財産本部の現状

<u>図3-7：スタッフの役割</u>

TLO　　　　　　　　　　　　　　《 10.8人とした場合の人数 》[10]

(1) 事務職員	29.5%	3.2人
(2) ライセンス・知財管理	50.7%	5.5人
(3) 共同研究・リエゾン	17.3%	1.9人
(4) 大学発ベンチャー支援	2.6%	0.3人

大学知的財産本部　　　　　　　　《 20.6人とした場合の人数 》

(1) 事務職員	40.7%	8.4人
(2) ライセンス・知財管理	29.4%	6.1人
(3) 共同研究・リエゾン	26.1%	5.4人
(4) 大学発ベンチャー支援	3.8%	0.8人

TLO・大学知的財産本部一体型　　《 21.2人とした場合の人数 》

(1) 事務職員	42.0%	8.9人
(2) ライセンス・知財管理	30.7%	6.5人
(3) 共同研究・リエゾン	26.1%	5.5人
(4) 大学発ベンチャー支援	1.2%	0.2人

(2)のライセンス・知財管理の業務に携わる人数の比率は、広域型 TLO で高く、大学知的財産本部で低くなっています。大学知的財産本部では、ライセンス業務を外部委託するケースが多く、これに関わるスタッフの比率が相対的に低くなっていると考えられます。また、大学知的財産本部でも知財管理に携わるスタッフは多く配置されていると考えられます。

(4)の大学発ベンチャー支援の業務に携わる人数の比率は数パーセントのにとどまり、人数では0人または1～2人にとどまります。4人を超えているのは、同志社大学知的財産センターなど3大学の大学知的財産本部でした。

《機関規模とスタッフの内訳》

スタッフの役割別に、その割合が機関の規模にどのように対応しているかをみます。

図3-8には、Type 1のTLOについて横軸を機関の規模（スタッフ合計数）とし、縦軸を合計スタッフ数に対する事務職員の割合として、各機関の位置づけをプロットしてあります。

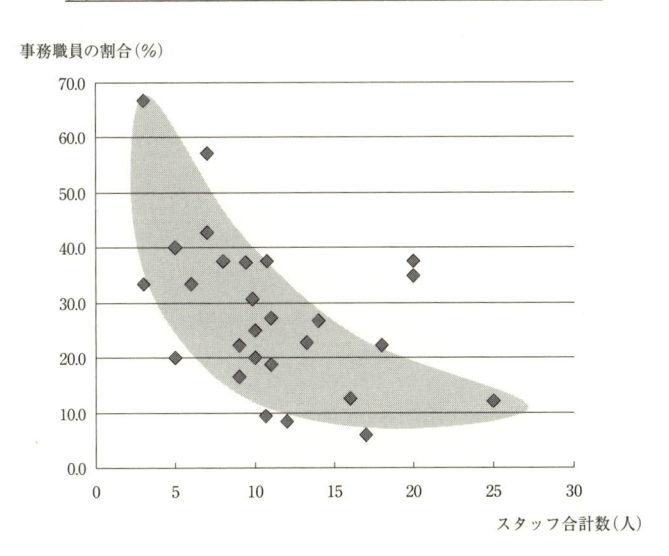

図3-8：TLOのスタッフに占める事務職員の割合

事務職員の人数は、TLOの規模に大きく依存せず、その結果TLOの規模が大きくなるにしたがって事務職員の割合は図3-8のように減少する結果となります。

大学発ベンチャー支援の業務に携わる職員は1名以下で、その存否はTLOの規模にかかわらない状況であるので、これについてもTLOの規模が大きくなるにしたがってその割合は減少していきます。

一方TLOの規模の増加に伴って、「ライセンス・知財管理」に携わる職員と、「共同研究・リエゾン」に携わる職員が増えていく傾向にあります。（図3-9）

図3-9：TLOのスタッフの役割（機関規模別）

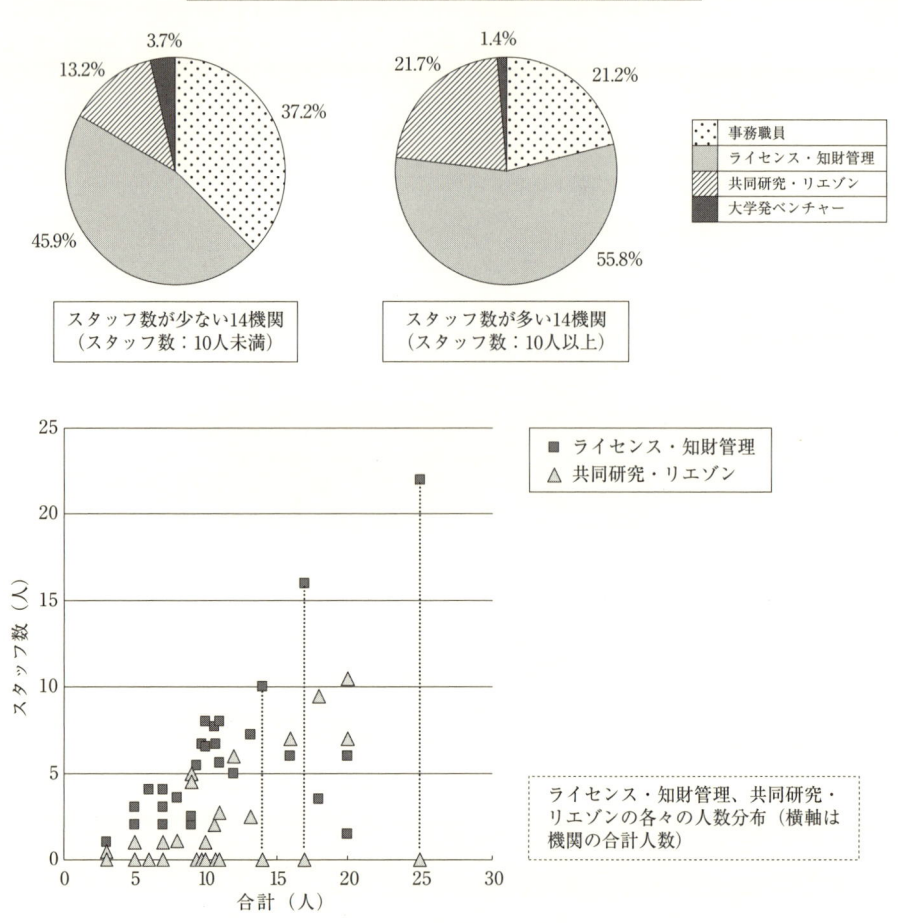

スタッフ数が少ない14機関（スタッフ数：10人未満）
- 事務職員: 37.2%
- ライセンス・知財管理: 45.9%
- 共同研究・リエゾン: 13.2%
- 大学発ベンチャー: 3.7%

スタッフ数が多い14機関（スタッフ数：10人以上）
- 事務職員: 21.2%
- ライセンス・知財管理: 55.8%
- 共同研究・リエゾン: 21.7%
- 大学発ベンチャー: 1.4%

ライセンス・知財管理、共同研究・リエゾンの各々の人数分布（横軸は機関の合計人数）

　「共同研究・リエゾン」に携わる職員を0名とするTLOも14機関と多く（合計スタッフ数が多いTLOでは、（株）東京大学TLO（CASTI）、（財）大阪産業振興機構、（株）東北テクノアーチなど）、このケースの機関では、全体スタッフ数の増加は「ライセンス・知財管理」に携わる職員の増加に連動しています。一方、その他のケースでは、「ライセンス・知財管理」に携わる職員は6名程度以上には増えず、「共同研究・リエゾン」に携わる職員が増加していくようです。

第3章　TLOと大学知的財産本部の現状

大学知的財産本部についても、図3-10、図3-11に示すように同様な傾向が見られます。

図3-10：大学知的財産本部のスタッフに占める事務職員の割合

事務職員の割合（％）

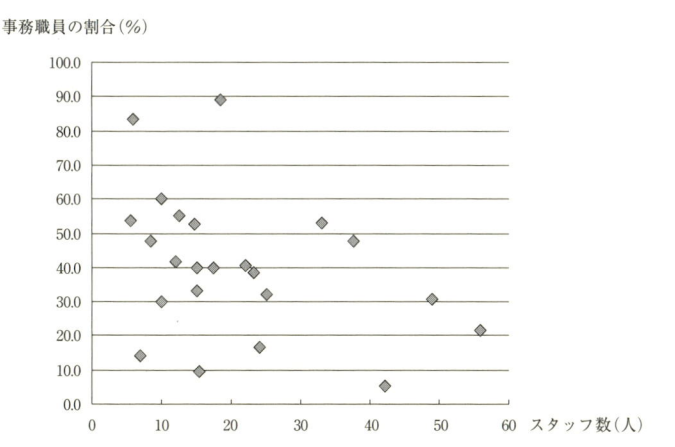

図3-11：大学知的財産本部のスタッフの役割（機関規模別）

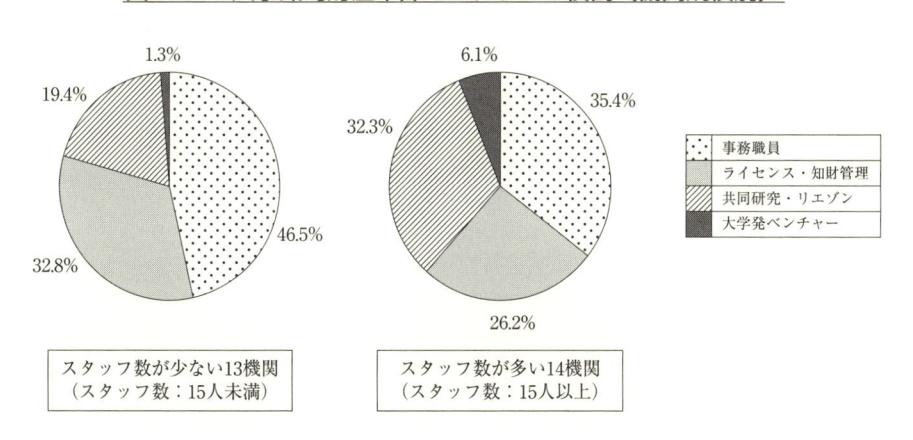

スタッフ数が少ない13機関
（スタッフ数：15人未満）
- 事務職員：46.5%
- ライセンス・知財管理：32.8%
- 共同研究・リエゾン：19.4%
- 大学発ベンチャー：1.3%

スタッフ数が多い14機関
（スタッフ数：15人以上）
- 事務職員：35.4%
- ライセンス・知財管理：26.2%
- 共同研究・リエゾン：32.3%
- 大学発ベンチャー：6.1%

49

《米国との対比》

　AUTM Licensing Survey 2004 によれば、米国の場合には、ライセンス担当職員（Licensing Staff）の1機関の平均人数が4.3人（回答機関数192）、その他の職員（administrative support staff、その他[13]）で平均人数が同じ4.3人（回答機関数191）とされています。

図3-12：米国TLOにおけるスタッフの役割

米国（AUTM Licensing Survey）

(1) Licensing Staffs	👥👥👥👥	 4.3人
(2) Other Staffs	👥👥👥👥	 4.3人

　わが国のTLOは、このような数値に関する限り米国TLOとほぼ同様の組織体制にあると考えられます。

---

[13] AUTM Licensing Survey では、「Management, compliance reporting, license maintenance, negotiation of research agreements, contract management, accounting, MTA activity, and general office activity」などの役割が含まれるとしています。

《人件費の負担のないスタッフの数》

　"人件費の負担のないスタッフ"とは、大学知的財産本部やTLOが直接雇用せず、公的支援制度等によって派遣されているスタッフなどが含まれます。例えば、大学知的財産本部の場合には特許庁が派遣している大学知財管理アドバイザー、TLOの場合には（独）工業所有権情報・研修館が派遣している特許流通アドバイザー（知的財産及び特許ライセンスの専門家）、また、双方に関係するものとして（独）新エネルギー・産業技術総合開発機構が派遣しているNEDOフェロー等があります。TLO、及び大学知的財産本部の多くは、こうした公的支援等によるスタッフを擁しています。

　"人件費の負担のないスタッフ"について調査した結果を図3-13に示します。1名以上擁していると回答した機関は36機関、「0人」と回答した機関は11機関（その他は無回答）となり、3/4以上の機関がこうした公的支援等によるスタッフを擁しています。その人数は、図3-13のとおり、各機関ともそれほど多くはありません。

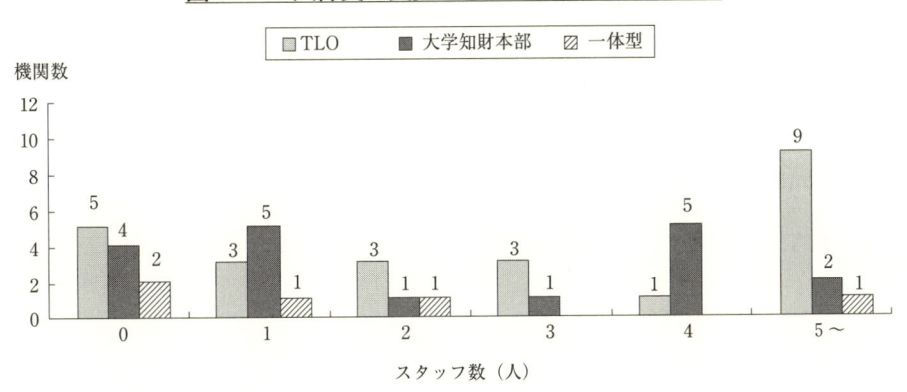

図3-13：人件費の負担のないスタッフ数の分布[14]

（棒グラフ：TLO、大学知財本部、一体型別のスタッフ数分布）

スタッフ数（人）	TLO	大学知財本部	一体型
0	5	4	2
1	3	5	1
2	3	1	1
3	3	1	
4	1	5	
5〜	9	2	1

---

[14] 設問の"人件費を負担していない担当者数の合計値"に回答を記入した47機関を母数とします。

図3-14：人件費の負担のないスタッフの役割

スタッフ数(人)

事務職員 19.2%
ライセンス・知財管理 37.0%
共同研究・リエゾン 27.2%
大学発ベンチャー支援 38.9%

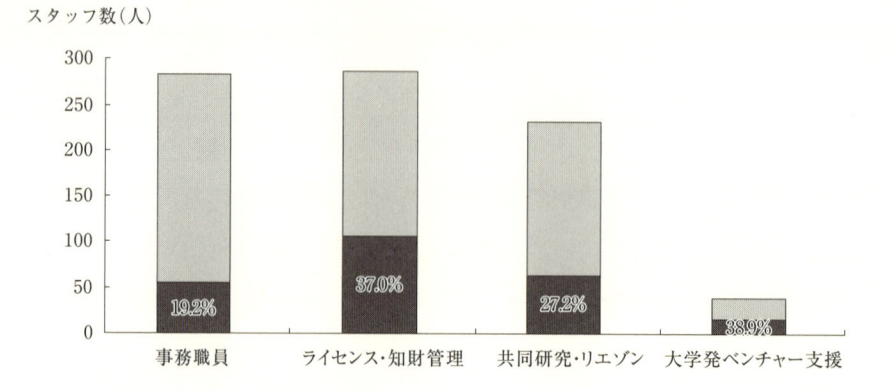

　図3-14は、スタッフの役割別の人数、及びそのうち人件費の負担のないスタッフ（公的支援等のスタッフ）の人数を回答した機関を対象[15]に、各役割別に、スタッフの全機関合計数と、人件費の負担のないスタッフの内訳数を算出して示したものです。

　人件費の負担のないスタッフは、専門的な役割を担っているスタッフに相対的に多くなっています。人数が多いのはライセンス・知財管理を担っているスタッフで、TLO、大学知的財産本部を合わせて100人を超え、全体の4割近くを占めています。大学発ベンチャー支援を担っているスタッフについても、その4割近くが人件費の負担のないスタッフになっています。

　公的な人的支援はわが国に特徴的な制度であり、補助金などの財政的支援とともに各機関にとって重要な役割を果たしており、各機関の期待も大きいものです。

---

[15] 「人件費の負担のないスタッフ」に回答のあった機関は、「事務職員」42機関、「ライセンス・知財管理」51機関、「共同研究・リエゾン」42機関、「大学発ベンチャー支援」36機関。図3-14はこれらの機関数での合計人数と内訳数である。

第3章　TLOと大学知的財産本部の現状

《弁理士資格を有するスタッフの数》

　各機関のスタッフのうち、弁理士資格を有するスタッフの数を調査した結果を図3-15に示します。

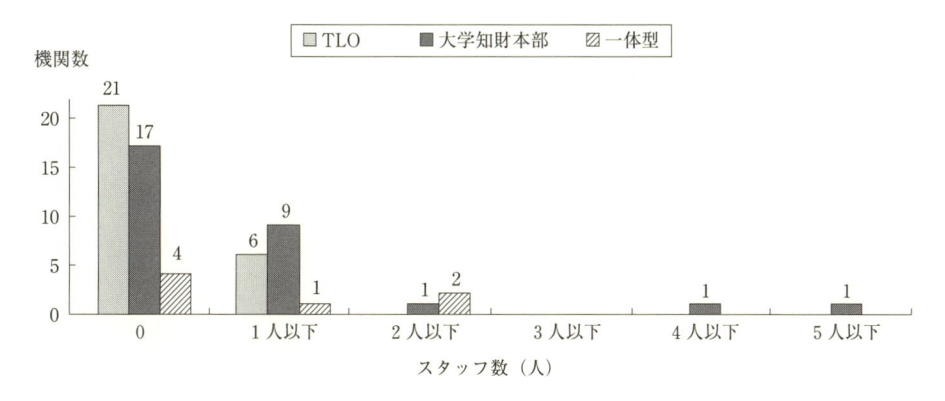

図3-15：弁理士資格を有するスタッフ数の分布[16]

凡例：□ TLO　■ 大学知財本部　▨ 一体型

スタッフ数	TLO	大学知財本部	一体型
0	21	17	4
1人以下	6	9	1
2人以下	1	2	
3人以下			
4人以下		1	
5人以下		1	

　回答した63機関のうちの2/3にあたる42機関は、弁理士資格を有するスタッフを擁しておらず、弁理士資格を有するスタッフを擁していると回答した残り21機関も、その数は1人が大半という結果に終わっています。

　特許出願の手続きなど、知的財産の管理業務の中でも専門的な業務は、外部の特許事務所に依存しているものと考えられますが、大学における発明届出件数、及び特許出願件数の増加に伴い、大学として主体的な戦略をもって権利の取得・活用を行っていくためには、知的財産に関する専門的な知識・経験を持った人材が各機関に配置されることが期待されます。

---

[16] 設問の"弁理士資格を有するスタッフ数"に回答を記入した63機関。

3.1.3 支出と収入

2005年度におけるTLO及び大学知的財産本部の支出と収入をみてみます。

《支出》としては、機関内部の（スタッフ）人件費などは調査対象とせず、知的財産関連の活動費として支出した、(1) 特許出願や特許登録のために特許庁や特許事務所に支払った<u>出願関係費用</u>、(2) 特許係争などを理由として企業等に支払った<u>係争関係費用</u>、(3) 発明に対する対価として発明者である研究者等に支払った<u>報奨関係費用</u>（報奨費・配分費）を調査対象としました。

《収入》としては、(1) 企業等から得た<u>ライセンス収入</u>、及び、政府や地方自治体からの助成資金として、(2) <u>知的財産本部整備事業</u>、(3) <u>TLO補助金</u>、(4) <u>自治体補助金</u>、及び、大学から得た資金として (5) <u>大学内部資金</u>、さらに、(6) <u>その他</u>に分類して調査しました。

第 3 章　TLO と大学知的財産本部の現状

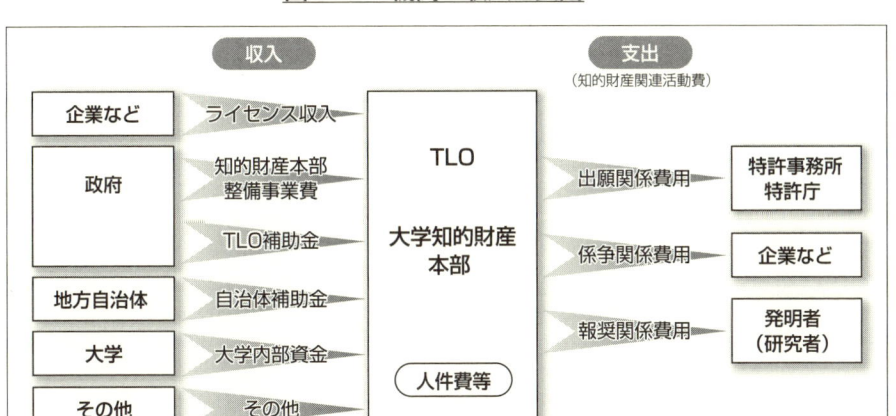

図 3-16：機関の収入と支出

回答のあった全機関（収入：68 機関。支出：62 機関）について、平均の金額を算出すると、収入については約 1 億 1,700 万円、知財関連の活動費（支出）については約 3,500 万円となっています。

図 3-17：収入・支出の平均額

(1) 支出（知的財産に関連した活動費）

　知的財産関連活動費について各機関の分布をみると、図3-18のようになります。

　知的財産関連の活動費が1機関で1億5,000万円を超えるケースも複数あります。TLOについて平均額が1,800万円を超えていますが、金額が多い一部のTLOの影響であり、全体の分布をみると1,000万円以下が大勢です。一方、大学知的財産本部では知的財産関連の活動費は大小ばらついています。知財関連活動費の大半を出願関係費用が占めているため、TLO及び大学知的財産本部における特許出願の多寡が反映された結果となっています。

第3章　TLOと大学知的財産本部の現状

図3-18：知的財産関連の活動費[17]

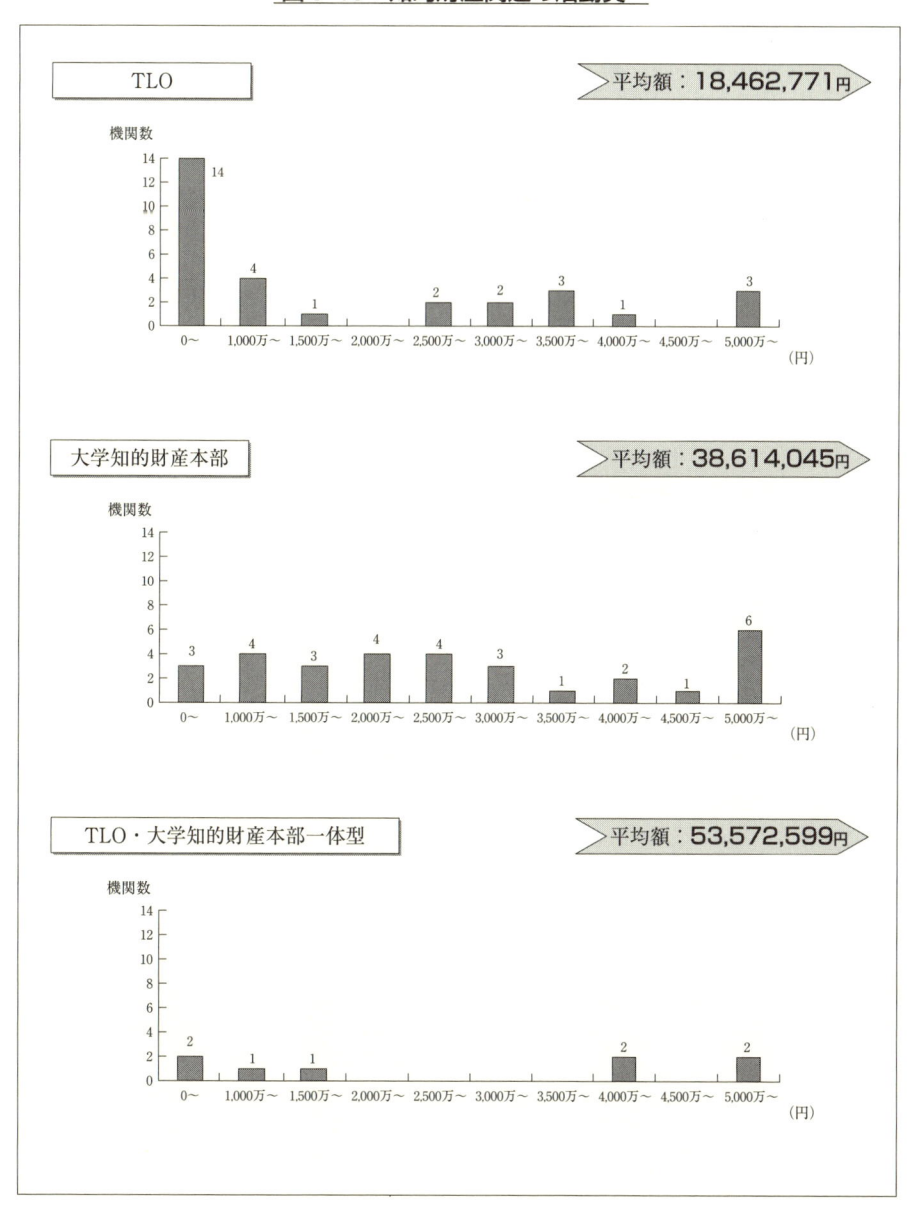

TLO　　平均額：18,462,771円

区分	機関数
0～	14
1,000万～	4
1,500万～	1
2,000万～	0
2,500万～	2
3,000万～	2
3,500万～	3
4,000万～	1
4,500万～	0
5,000万～	3

大学知的財産本部　　平均額：38,614,045円

区分	機関数
0～	3
1,000万～	4
1,500万～	3
2,000万～	4
2,500万～	4
3,000万～	3
3,500万～	1
4,000万～	2
4,500万～	1
5,000万～	6

TLO・大学知的財産本部一体型　　平均額：53,572,599円

区分	機関数
0～	2
1,000万～	1
1,500万～	1
2,000万～	0
2,500万～	0
3,000万～	0
3,500万～	0
4,000万～	2
4,500万～	0
5,000万～	2

---

[17] 無回答の機関を除いて集計（「0」回答の機関は含む）。

《知的財産関連活動費の内訳》

　知的財産に関連した活動費には、(1) 出願関係費用、(2) 係争関係費用、(3) 報奨関係費用（報奨費・配分費）が含まれますが、このうち、**(2) 係争関係費用**については、いずれの機関も支出無し（0円回答）あるいは無回答でした。

　出願関係費用と報奨関係費用の比率について、全機関の平均的な傾向をみると図3-19のようになり、大半が出願関係費用となっていることがわかります。

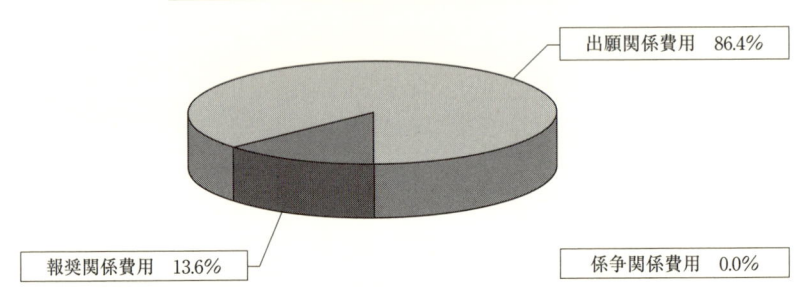

図3-19：知的財産関連活動費の内訳[18]

- 出願関係費用　86.4%
- 報奨関係費用　13.6%
- 係争関係費用　0.0%

　さらに、機関の種類別に内訳の平均をみてみると表3-3のようになります。
　TLOでは出願関係費用の額が少なくなり、その結果、報奨関係費用の比率が高まっています。

表3-3：知的財産関連活動費の内訳（機関別）

	出願関係費用	報奨関係費用
TLO	16,787,557円 (77.4%)	4,891,943円 (22.6%)
大学知的財産本部	35,820,677円 (91.8%)	3,207,201円 (8.2%)
TLO・大学知的財産本部 一体型	51,390,442円 (83.9%)	9,835,386円 (16.1%)

---

[18] 内訳の各費用について回答のあった機関の平均金額を算出し、各平均金額の比率を算出した値。

第3章　TLOと大学知的財産本部の現状

《出願関係費用》

図3-20：出願関連費用の分布（機関別）

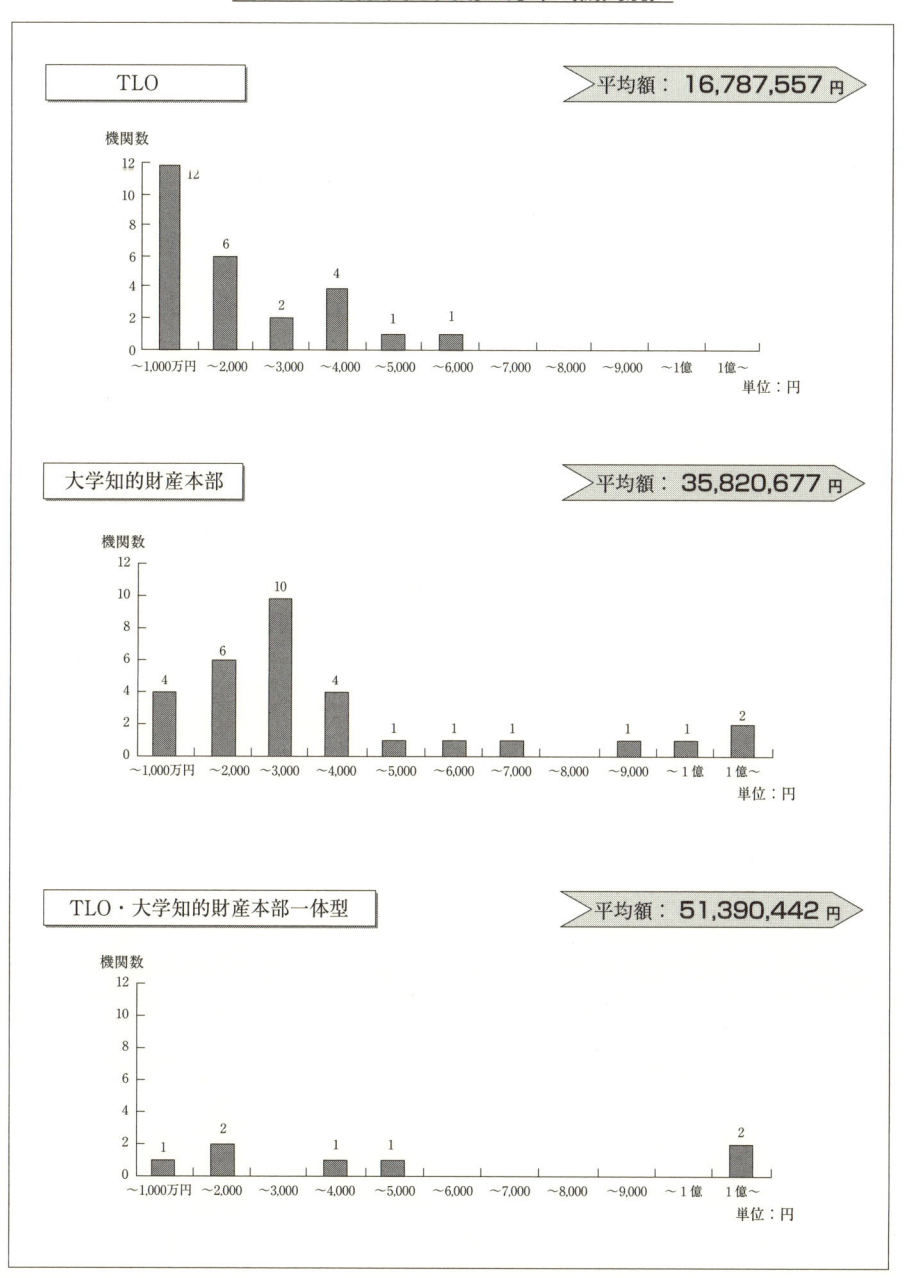

TLO　　平均額：16,787,557円

区分	機関数
～1,000万円	12
～2,000	6
～3,000	2
～4,000	4
～5,000	1
～6,000	1
～7,000	0
～8,000	0
～9,000	0
～1億	0
1億～	0

単位：円

大学知的財産本部　　平均額：35,820,677円

区分	機関数
～1,000万円	4
～2,000	6
～3,000	10
～4,000	4
～5,000	1
～6,000	1
～7,000	1
～8,000	0
～9,000	1
～1億	1
1億～	2

単位：円

TLO・大学知的財産本部一体型　　平均額：51,390,442円

区分	機関数
～1,000万円	1
～2,000	2
～3,000	0
～4,000	1
～5,000	1
～6,000	0
～7,000	0
～8,000	0
～9,000	0
～1億	0
1億～	2

単位：円

TLOと比較して大学知的財産本部の出願関係費用が多くなっていますが、取り扱っている特許の件数（出願及び登録特許）が多いためと考えられます。

　図3-21に、各機関の出願関係費用（国内出願分）と、その費用に対応する特許（出願・登録）の持分件数[19]の関係をプロットして示しました。◇のプロットがTLOであり、特許の持分件数、支出費用ともに少ないところに位置します。一方、●のプロットが大学知的財産本部であり、特許の持分件数、支出費用は機関で大きく異なり広い分布を示しています。

図3-21：各機関の出願関係費用（国内出願分）と対応する国内出願の件数

出願関係費用(国内出願分)：(万円)

◇ TLO
● 大学知的財産本部
■ 一体型

国内出願の件数

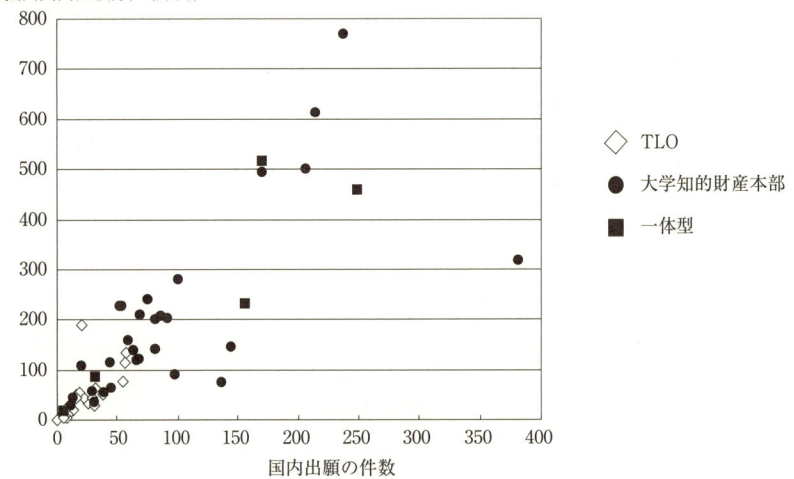

　図3-21をみると、国内出願について取り扱っている特許（出願・登録）の持分件数と支出費用とには相関がみられます。後にみるように、国内特許（出願・登録）について関係した持分件数1件あたりの年間の支出費用は23.4万円となっていて、各機関ともその前後の金額に分布するようです。

---

[19] 回答した出願関連費用に該当する特許（出願中を含む）の件数。共同出願の場合、持ち分を割合考慮し、例えば、持ち分折半なら、0.5件と数えています。

第 3 章　TLO と大学知的財産本部の現状

出願関係の支出費用を国内出願分と外国出願分に区分し、全機関の平均額をみると表3-4のようになります。

表3-4：出願関係費用の内訳

	出願関係費用の平均額[1]	（国内出願）[2]	（外国出願）[2]
TLO	16,787,557 円	6,205,094 円（平均件数：22.5 件）	10,582,464 円（平均件数：16.6 件）
大学知的財産本部	35,820,677 円	21,654,850 円（平均件数：95.6 件）	14,165,826 円（平均件数：32.2 件）
TLO・大学知的財産本部一体型	51,390,442 円	25,072,602 円（平均件数：118.4 件）	26,317,840 円（平均件数：58.4 件）

[1] 国内出願費用と外国出願費用の何れにも無回答の機関は除き、国内出願費用と外国出願費用（無回答は0円とした）の合計を集計。

[2] 平均件数は、件数に回答のあった機関（「0」を含む）の平均の持分件数。費用に回答した機関と件数に回答した機関は一部一致していない。

各機関について、（支出した費用）／（持分件数）を求めて、持分件数1件について1年間に必要となる費用の平均を算出し、その分布をみました（図3-22）[20]。全機関の平均額を算出すると、大学知的財産本部とTLOのいずれでも、国内出願について20万円強、外国出願について70万円弱となります。

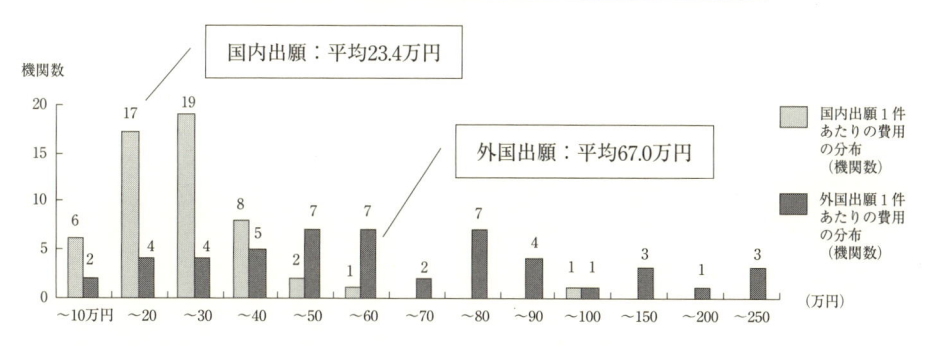

図3-22：特許（出願・登録）一件あたりの費用

国内出願：平均23.4万円
外国出願：平均67.0万円

区分	~10万円	~20	~30	~40	~50	~60	~70	~80	~90	~100	~150	~200	~250
国内出願1件あたりの費用の分布（機関数）	6	17	19	8	2	1	2	7	4	1	3	1	3
外国出願1件あたりの費用の分布（機関数）	2	4	4	5	7	7		7		1			

---

[20] 金額と件数に回答のあった各機関について（支出した費用）／（持分件数）を算出したのち、全機関の平均金額を算出。例えば、企業との共同出願において、機関の支出費用が10万円で持分が0.5であった場合には、10万円／0.5 = 20万円となります。

《企業による費用負担》

　各機関が支出した「出願関係費用」には、共同出願（共同研究）先やライセンス先の企業に負担してもらった額が内数として含まれています。そこで、どの程度の割合で企業に負担してもらっているかを以下でみてみます。なお、各機関が支出した費用と、その内数としての企業の費用負担を調査していますので、共同出願など持分に応じて企業が直接負担した費用（機関が支出していない費用）は含めていません。[21]

　まず、各機関で2005年度の支出に関係した特許（出願・登録）の全件数のうち、何件の特許について企業に費用負担してもらったかの割合（例えば10件の特許のうち4件について企業の費用負担があった場合には40％[22]）について、その分布を示したのが図3-23です。回答のあった機関のうち半数以上が企業に負担してもらった特許があると回答しています。

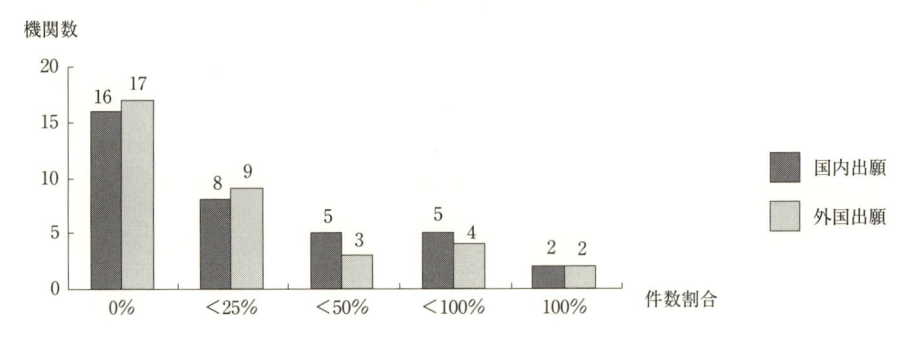

図3-23：企業に費用負担してもらった特許の割合

機関数

件数割合	国内出願	外国出願
0%	16	17
<25%	8	9
<50%	5	3
<100%	5	4
100%	2	2

---

[21] 今回は、企業負担が不明な場合の回答も含まれています。不明な企業負担は出願関係費用にも入っていません。
[22] 件数はともに「持分件数」です。例えば、持分が0.5と1.0である2つの特許の前者について企業の費用負担があった場合には、その割合は 0.5 ／ (0.5 + 1.0) = 33％となります。

第 3 章　TLO と大学知的財産本部の現状

　図 3-23 で 100％となっている 2 機関（2005 年度の支出に関係したすべての特許について企業の費用負担があったとした 2 機関）については、その国内出願に係る支出額と企業の費用負担額が同じであり、国内出願分の出願関係費用の全額を企業が負担したことになります。企業の費用負担があったとする他の機関については、出願関係の支出の 1/4 程度を企業が負担している例が平均的でした。回答のあった機関全体の平均（企業負担を 0 とした機関を含めた平均）では、機関の支出（出願関係費用）の 12％程度を企業が負担している結果となりました。[23]

---

[23]　（企業の費用負担額）／（対応する特許の持分件数）を算出し、持分件数 1 件あたりの企業の負担額とすると、その平均額は、国内出願について約 25.3 万円、外国出願について約 110.3 万円となります。

63

《報奨関係費用》

報奨関係費用の全機関の平均額は4,704,289円となっています。

TLOでは、(財)名古屋産業科学研究所が2,400万円近い金額を2005年度に支出しているほか合計3機関が1,000万円以上の報奨関係費用を支出しており平均額を高めていますが、全体としては4割近い9機関は報奨関係費用を支出していません。これに対し、大学知的財産本部では、50万円以下の額が9機関と多いものの各機関とも基本的には支出があり、支出のなかった機関は1機関に留まります。国立大学法人筑波大学など3機関では1,000万円を超えた支出をしています。

最高額は、慶應義塾大学知的資産センター（一体型）の5,976万円でした。

第 3 章　TLO と大学知的財産本部の現状

図 3-24：報償関連費用の分布（機関別）

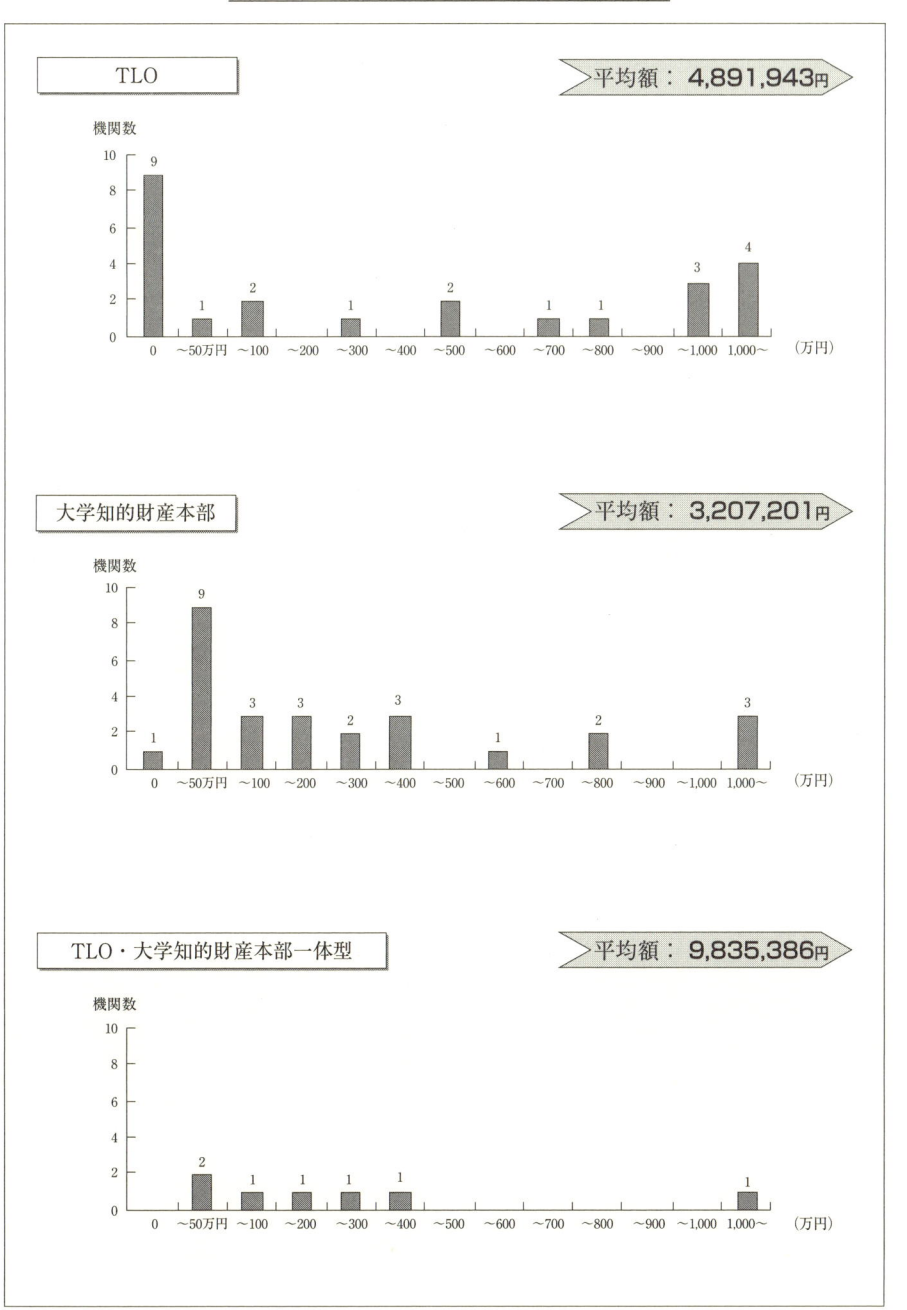

TLO　　平均額：4,891,943 円

区分	0	～50万円	～100	～200	～300	～400	～500	～600	～700	～800	～900	～1,000	1,000～
機関数	9	1	2		1		2		1	1		3	4

大学知的財産本部　　平均額：3,207,201 円

区分	0	～50万円	～100	～200	～300	～400	～500	～600	～700	～800	～900	～1,000	1,000～
機関数	1	9	3	3	2	3		1		2			3

TLO・大学知的財産本部一体型　　平均額：9,835,386 円

区分	0	～50万円	～100	～200	～300	～400	～500	～600	～700	～800	～900	～1,000	1,000～
機関数		2	1	1	1	1							1

(2) 運営資金（機関の収入）

機関の収入について各機関の分布をみると、図3-25のようになります。

TLOでは、平均収入が8,600万円程度で、中心的には5,000万円程度の機関が多くなっています。分布図からも見て取れるように大学知的財産本部に比較して少ない金額に分布しています。

大学知的財産本部、及び一体型では、数千万円から2億円を超える金額まで広く分布し、機関で大きな差が生じている状況です。

第 3 章　TLO と大学知的財産本部の現状

図 3-25：収入（運営資金）

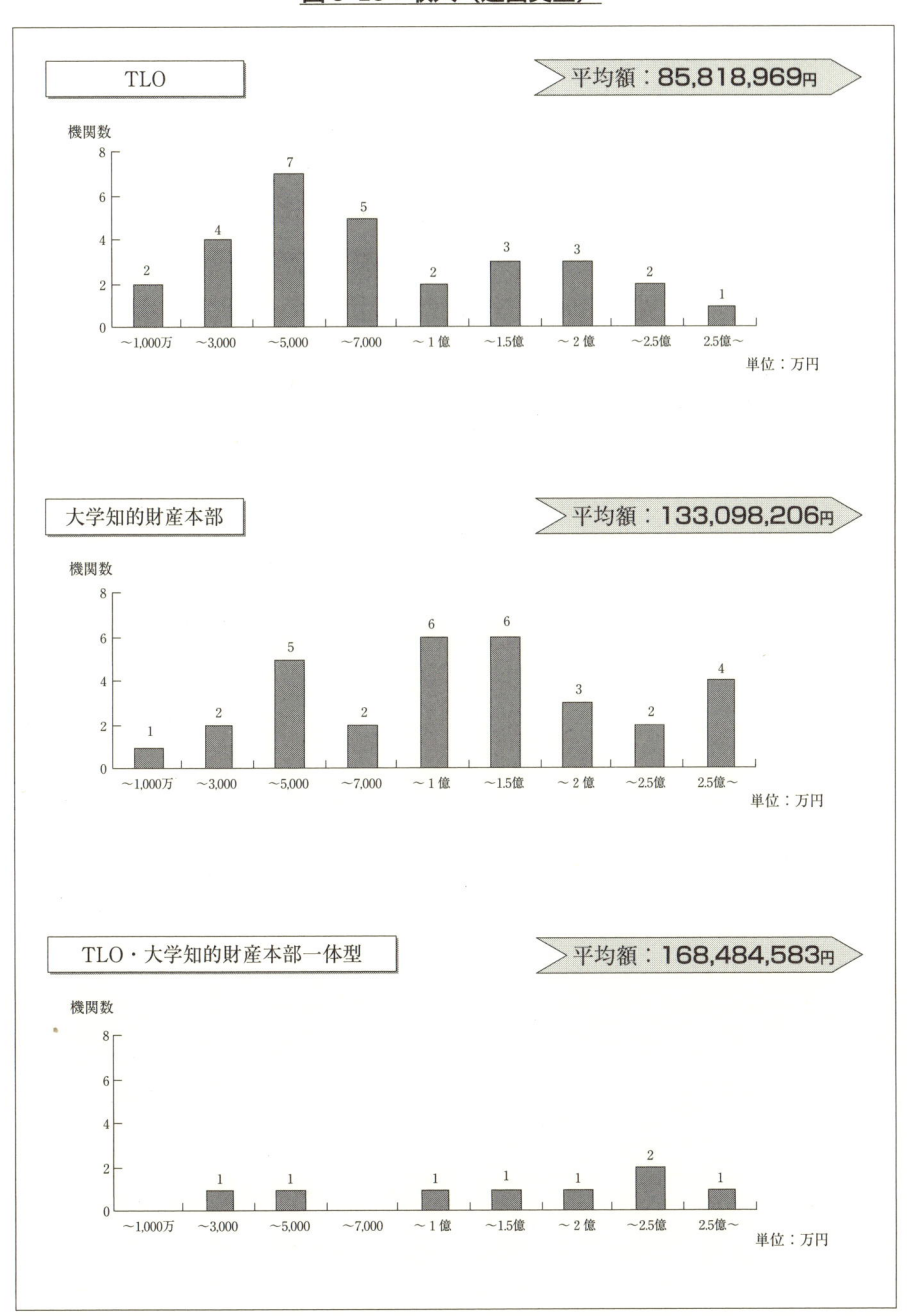

TLO　　平均額：85,818,969円

区分	~1,000万	~3,000	~5,000	~7,000	~1億	~1.5億	~2億	~2.5億	2.5億~
機関数	2	4	7	5	2	3	3	2	1

単位：万円

大学知的財産本部　　平均額：133,098,206円

区分	~1,000万	~3,000	~5,000	~7,000	~1億	~1.5億	~2億	~2.5億	2.5億~
機関数	1	2	5	2	6	6	3	2	4

単位：万円

TLO・大学知的財産本部一体型　　平均額：168,484,583円

区分	~1,000万	~3,000	~5,000	~7,000	~1億	~1.5億	~2億	~2.5億	2.5億~
機関数		1	1		1	1	1	2	1

単位：万円

機関の運営に充てている収入を次の内容に分類して調査しました。

(1) ライセンス収入[24]　　　(4) 自治体等からの補助金[25]
(2) 知的財産本部整備事業費　(5) 大学の内部資金[26]
(3) TLO補助金[27]　　　　　(6) その他[28]

図3-26：収入の内訳（機関別）[29]

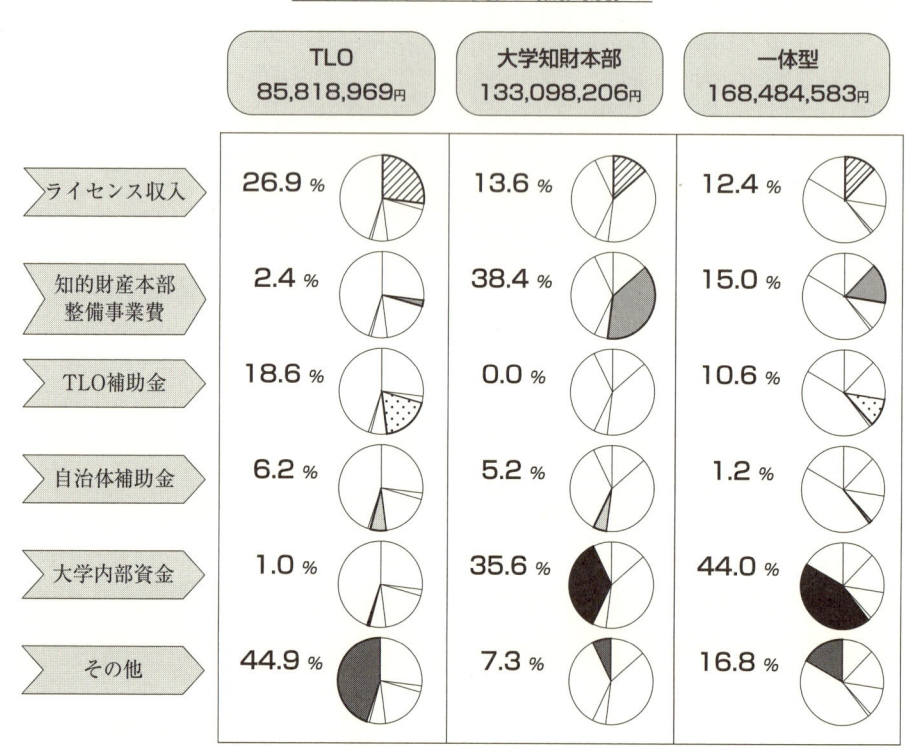

	TLO 85,818,969円	大学知財本部 133,098,206円	一体型 168,484,583円
ライセンス収入	26.9%	13.6%	12.4%
知的財産本部整備事業費	2.4%	38.4%	15.0%
TLO補助金	18.6%	0.0%	10.6%
自治体補助金	6.2%	5.2%	1.2%
大学内部資金	1.0%	35.6%	44.0%
その他	44.9%	7.3%	16.8%

---

[24] 組織内配分、連携する大学やTLO等への配分、発明者への報奨金などを控除する前の金額です。
[25] 財団法人や社団法人等、自治体の外郭団体からの補助金を含みます。
[26] 運営費交付金や間接経費、留保利益などを含みます。
[27] スーパーTLOへの補助金を含みます。
[28] マッチングファンドや地域新生コンソーシアムなど委託あるいは共同研究プロジェクトの間接経費あるいは一般管理費を含みます。
[29] 集計方法は、機関のType別に、(1)「ライセンス収入」について回答のあった機関を対象にその平均額を算出、(2) 同様に収入の種類毎に回答のあった機関での平均額を算出、(3) 各平均額の比率を算出、という方法によっています。

第3章　TLOと大学知的財産本部の現状

　TLOのライセンス収入が約27％と高くなっています。大学知的財産本部は、知財本部整備事業費と大学内部資金を運営の柱としていますが、これらの資金のないTLOでは、ライセンス収入と約2割強のTLO補助金のほかは、「その他」とする回答が多く、例えば、TLO会員からの会費、マッチングファンド等の間接経費・一般管理費などが含まれていると考えられます。

　自治体からの補助金については、TLO（一体型を除く）の29機関[30]中、9機関が自治体からの補助金があったとしており、このうち7機関は地方のTLOです。その金額は、数百万から1千万円を超える程度が大半です。

　TLOについて、先行TLOと後発TLOに区分し、それぞれの収入内訳をみると図3-27のようになります。

図3-27：収入の内訳（TLO別）

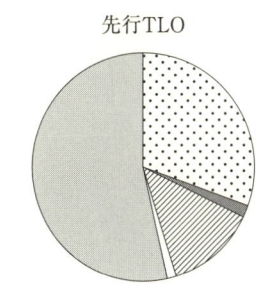

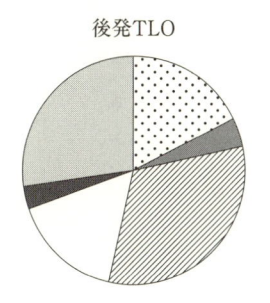

	先行TLO	後発TLO
ライセンス収入	30.5％	17.5％
知的財産本部整備事業費	1.7％	4.1％
TLO補助金	13.0％	31.9％
自治体等からの補助金	1.3％	16.0％
大学の内部資金	0.0％	3.2％
その他	53.5％	27.2％

---

[30] 収入欄のいずれかの項目に回答のあった機関数。

後発TLOには、自治体からの補助金による収入があった機関が8機関あります。
　このうち、財団法人大阪産業振興機構は自治体からの補助金収入を8000万円と回答しており集計値を引き上げていますが、当該機関を除いても後発TLO全体の集計は、自治体からの補助金が約8％、ライセンス収入約16％、TLO補助金約35％、「その他」約32％となり、後発TLOは先行TLOに比較して「補助金」の収入が多いという実態となっています。
　後発TLOは、地域の大学において地域企業との産学連携を担うところが多く、地域産業振興など地域貢献の重要な役割が期待されます。TLOの自立という視点だけでない体制構築が今後も継続的に必要と考えられます。

3.2 研究費の現状
Incoming Research Funds

　米国 AUTM の Licensing Survey 2005 には「Research Expenditures or Incoming Research Funds are the energy that fuels the technology transfer engine.」と記されています。

　イノベーションを引き起こす大学の研究活動が、政府や企業からもたらされる研究費に支えられていることはもちろんですが、TLO 等のスタッフも政府からの研究資金の獲得や、企業との共同研究のマッチングなど産学連携の推進に活躍しており、さらに、研究費の一部は、知的財産の管理・活用のため機関の活動資金として供給されるなど、TLO 等機関とも直接に関わりがあります。

　Licensing Survey 2005 では、大学における研究費と発明開示との間には、発明開示1件あたり2百万ドルの研究費という関係があるとしていますが、わが国における大学の研究費総額（自然科学部門：約2兆円）と、大学における発明届出数（約1万件）との関係も同程度となるまでに、わが国の大学における発明届出数は伸びてきています。

　Licensing Survey 2005 によると、調査対象の大学等における研究費の推移は表3-5のとおりです。

表3-5：米国大学等における研究費の推移

	1996	1997	1998	1999	2000	2001	2002	2003	2004	2005
研究費総額 （十億ドル）	20.56	21.63	23.25	25.67	27.87	29.96	34.96	38.50	41.20	42.30
政府から	66%	65%	63%	63%	62%	64%	64%	66%	67%	67%
企業から	9%	9%	9%	10%	9%	8%	7%	7%	7%	7%

(AUTM Licensing Survey 2005)

　本節では、わが国の大学の研究費について、文部科学省、総務省のデータをもとに、共同研究、受託研究、科学研究費補助金の別で、その推移をみていきます。

3.2 研究費の現状

- 3.2.1 大学等の研究費総額
- 3.2.2 共同研究
- 3.2.3 受託研究
- 3.2.4 科学研究費補助金

3.2.1　大学等の研究費総額

　総務省の「平成18年科学技術研究調査」によると、わが国の大学等における研究費は、2005年度総額3兆4,074億円で、前年度に比べ4.1％増となっています。このうち、自然科学部門の研究費は、2兆1,527億円（大学等の研究費全体に占める割合63.2％。前年度比5.1％増）となっています。

　組織別にみると、私立大学が1兆7,322億円（大学等の研究費全体に占める割合50.8％）、国立大学が1兆4,904億円（同43.7％）、公立大学が1848億円（同5.4％）となっています。

表3-6：大学等における研究費総額の推移

	研究費総額	前年度比
1995年度	29,822 億円	8.3 %
1996年度	30,131 億円	1.0 %
1997年度	30,592 億円	1.5 %
1998年度	32,229 億円	5.4 %
1999年度	32,091 億円	－0.4 %
2000年度	32,084 億円	－0.0 %
2001年度	32,334 億円	0.8 %
2002年度	32,823 億円	1.5 %
2003年度	32,631 億円	－0.6 %
2004年度	32,740 億円	0.3 %
2005年度	34,074 億円	4.1 %

表3-7：大学種類別の研究費総額（2005年度）

	研究費	前年度比	全体に占める割合
国立大学	14,904 億円	(9.0 %)	43.7 %
公立大学	1,848 億円	(－1.9 %)	5.4 %
私立大学	17,322 億円	(0.8 %)	50.8 %

3.2.2 共同研究

わが国の大学等における産学連携等の活動状況として、(1) 民間企業等との共同研究、(2) 受託研究（3.2.3節）の状況をみます。[31]

2005年度におけるわが国の大学等における民間企業等との**共同研究**[32]は、前年度（2004年度）に比べ、件数・研究費とも20％以上の伸びを示しています。

<u>件数</u>では、国立大学等における共同研究件数が1万件を突破し、国公私立大学等の全体として1万3,012件（前年比21％の増加）となっています。

<u>研究費</u>では、国公私立大学等を合わせた総額について前年度比23％増加の323億円、とくに国立大学等では25％増の275億円となっていて、産学連携の一層の高まりを示しています。

<u>研究分野別</u>にみると（国立大学のみ）、ライフサイエンス、情報通信、環境、ナノテクノロジー・材料の第2期科学技術基本計画（2001年3月30日閣議決定）に定める重点4分野で65％程度を占めています。その中でも2005年度はライフサイエンス分野の件数が、対前年度伸び率が24％増と最も増加しています。

---

[31] 文部科学省資料。「大学等」とは、国公私立の大学、高等専門学校、大学共同利用機関等としています。
[32] 文部科学省の資料では、共同研究とは、「大学等と企業等とが共同で研究開発にあたり、かつ当該企業等からそのための経費が支弁されているものとし、経費が一切支弁されない共同研究や企業等からの寄付金及び国等からの補助金については対象から除外している」とされています。

第3章　TLOと大学知的財産本部の現状

図3-28：共同研究の件数と研究費の推移

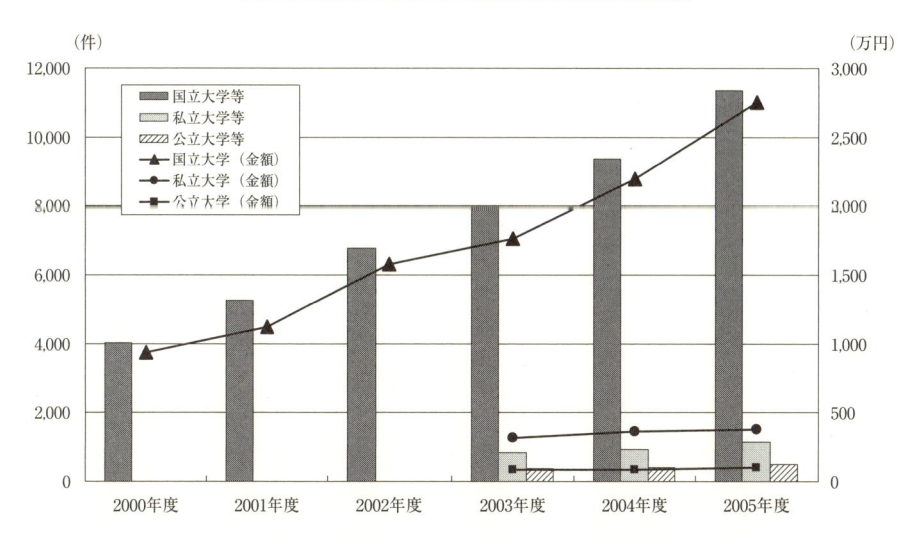

表3-8：共同研究の件数と研究費の推移

件数	国立大学等 件	前年比(倍)	私立大学等 件	前年比(倍)	公立大学等 件	前年比(倍)	合計 件	前年比(倍)
2000年度	4,029		-		-		-	
2001年度	5,264	1.31	-		-		-	
2002年度	6,767	1.29	-		-		-	
2003年度	8,023	1.19	850		382		9,255	
2004年度	9,378	1.17	938	1.10	412	1.08	10,728	1.16
2005年度	11,362	1.21	1,165	1.24	493	1.20	13,020	1.21

研究費	国立大学等 千円	前年比(倍)	私立大学等 千円	前年比(倍)	公立大学等 千円	前年比(倍)	合計 千円	前年比(倍)
2000年度	9,388,501		-		-		-	
2001年度	11,209,768	1.19	-		-		-	
2002年度	15,772,625	1.41	-		-		-	
2003年度	17,594,688	1.12	3,194,025		832,110		21,620,823	
2004年度	21,930,062	1.25	3,607,219	1.13	838,548	1.01	26,375,829	1.22
2005年度	27,488,970	1.25	3,844,770	1.07	1,009,535	1.20	32,343,275	1.23

表3-9：分野別の共同研究件数の推移

区分	ライフサイエンス 件	前年比	情報通信 件	前年比	環境 件	前年比	ナノテクノロジー・材料 件	前年比	その他 件	前年比	計 件
2001年度	1,117		763		704		754		1,926		5,264
2002年度	1,644	1.47	995	1.30	908	1.29	894	1.19	2,326	1.21	6,767
2003年度	2,138	1.30	999	1.00	1,114	1.23	1,194	1.34	2,578	1.11	8,023
2004年度	2,509	1.17	1,016	1.02	1,120	1.01	1,771	1.48	2,962	1.15	9,378
2005年度	3,105	1.24	1,216	1.20	1,103	0.98	1,984	1.12	3,954	1.33	11,362
構成比	27.3%		10.7%		9.7%		17.5%		34.8%		

図3-29：分野別の共同研究件数の推移

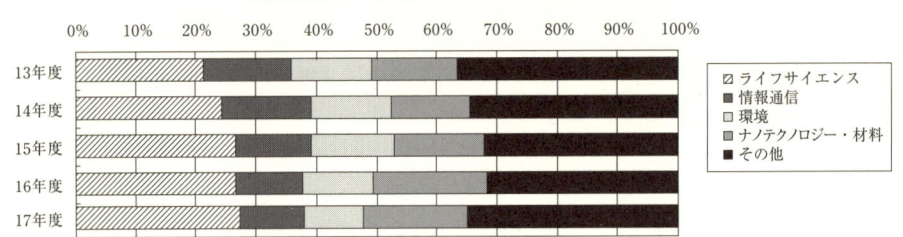

　共同研究の相手先は、(1) 民間企業のほか、(2) 公益法人等、(3) 地方公共団体、(4) その他があり、民間企業はこのうち84.9％（2005年度）を占めています。

　民間企業との共同研究件数が年々増加（2005年度は前年比24.7％増）している結果、共同研究の全体件数が増加する形となっています。

　民間企業のうち中小企業との共同研究の件数も増加しています（前年比14.8％増）。中小企業に比べて大企業等の伸びが相対的に大きいことから、民間企業の中では大企業等の比率が増加しています。

第 3 章　TLO と大学知的財産本部の現状

図 3-30：共同研究の相手先

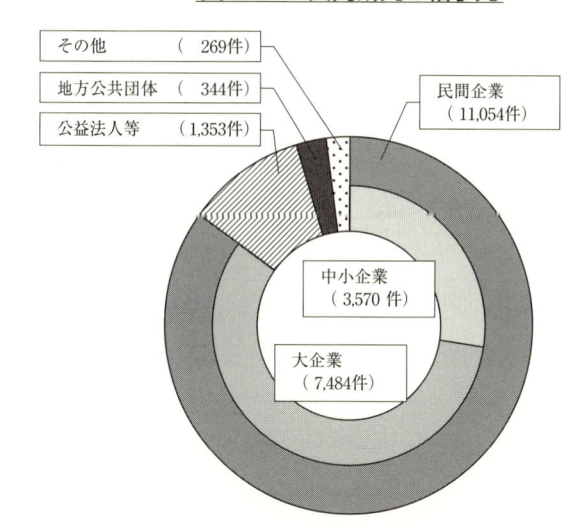

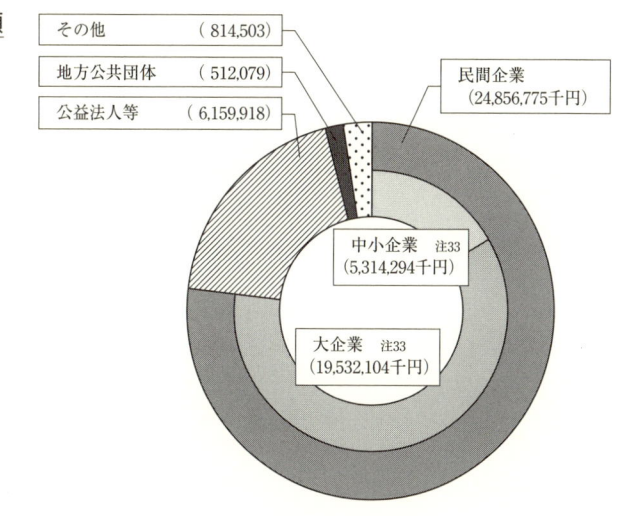

件数

- その他　　　（　　269件）
- 地方公共団体　（　　344件）
- 公益法人等　　（ 1,353件）
- 民間企業（11,054件）
  - 中小企業（3,570件）
  - 大企業（7,484件）

金額

- その他　　　（　814,503）
- 地方公共団体　（　512,079）
- 公益法人等　　（6,159,918）
- 民間企業（24,856,775千円）
  - 中小企業 注33（5,314,294千円）
  - 大企業 注33（19,532,104千円）

77

表3-10：民間企業（中小企業）との共同研究の推移

	共同研究 総件数 ①	うち民間企業数 ②	割合 ②／①	うち中小企業数 ③	民間企業に占める割合 ③／②
2003年度	9,255	7,248	78.3 %	2,969	41.0 %
2004年度	10,728	8,864	82.6 %	3,111	35.1 %
2005年度	13,020	11,054	84.9 %	3,570	32.3 %

	共同研究 総金額 ①	うち民間企業 ②	割合 ②／①	うち中小企業 ③	民間企業に占める割合 ③／②
2003年度	21,620,823	15,172,830	70.2 %		
2004年度	26,375,829	19,601,135	74.3 %		
2005年度	32,343,275	24,856,775	76.9 %	5,314,294	21.4 %

図3-31：各大学の共同研究件数と研究費の分布（2005年度） [注33]

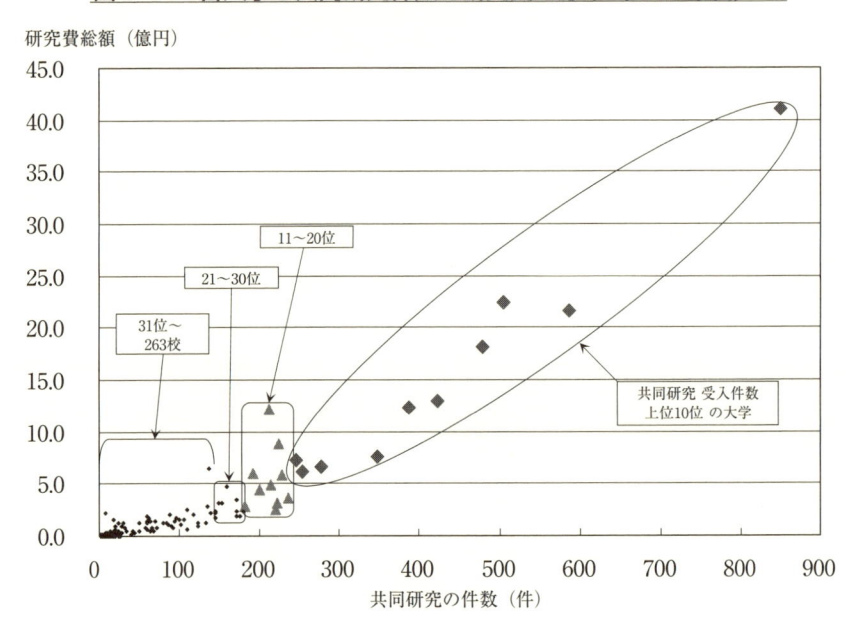

[注33] 平成18年8月2日文部科学省発行「平成17年度産学連携等実施状況調査結果概要（未定稿）」のデータを元に作成したものです。

第3章　TLOと大学知的財産本部の現状

表3-11：共同研究件数と共同研究費の上位10校（2005年度）

共同研究 件数 上位10校	
東京大学	850
大阪大学	586
京都大学	504
東北大学	470
東京工業大学	423
九州大学	388
北海道大学	347
名古屋大学	277
筑波大学	254
東京農工大学	245

共同研究 研究費（千円） 上位10校	
東京大学	4,105,744
京都大学	2,250,484
大阪大学	2,163,276
東北大学	1,826,814
東京工業大学	1,309,985
九州大学	1,238,338
慶應義塾大学	1,218,002
山口大学	883,634
北海道大学	763,190
東京農工大学	725,741

共同研究1件あたりの金額は、全大学の平均で177万円となっています。[注]

表3-12：受入件数順位階層別の1件あたりの金額（2005年度）[注33]

受入件数の上位10校の平均	331万円／1件
同11～20位の平均	257万円／1件
同21～30位の平均	175万円／1件
同30位～　　の平均	168万円／1件

図3-32：共同研究の研究費の分布（2005年度）[注33]

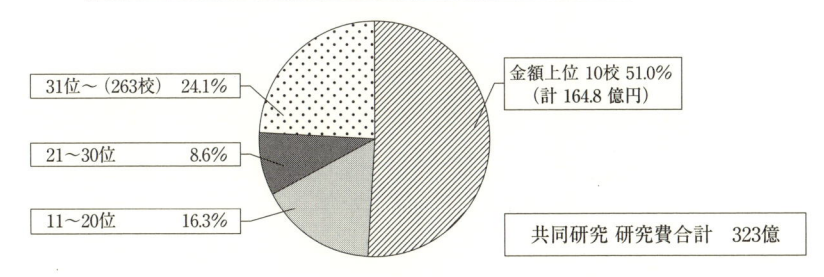

- 31位～（263校）　24.1%
- 21～30位　8.6%
- 11～20位　16.3%
- 金額上位10校 51.0%（計164.8億円）
- 共同研究 研究費合計　323億

[注]　大学毎に1件当りの金額を求め、その平均額を求めたものです。

3.2.3 受託研究

　2005年度における大学等における受託研究[34]は、前年度（2004年度）に比べ、件数で11％増、研究費で25％増の伸びを示しています。

　件数では、国立大学等における受託研究件数が15％増加し、9,000件を超えています。国公私立大学等の総件数としては、1万6,960件（前年比11％の増加）となっています。

　研究費では、国公私立大学等を合わせた総額について前年度比25％増加の約1,265億円、とくに国立大学等では26％増の971億円となっています。

　研究分野別にみると（国立大学のみ）、ライフサイエンス、情報通信、環境、ナノテクノロジー・材料の第2期科学技術基本計画（2001年3月30日閣議決定）に定める重点4分野で70％を超えます。これら重点4分野の受託件数は微増していますが、「その他」の研究分野の受託研究が大きく増加した結果、重点4分野の割合は前年度の約80％から減少に転じています。

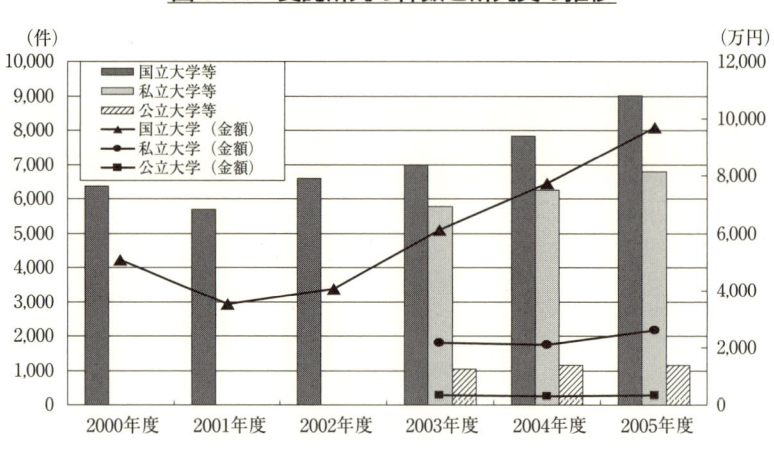

図3-33：受託研究の件数と研究費の推移

---

[34] 文部科学省の資料では、受託研究とは、「大学等が国や民間企業等からの委託により、主として大学等のみが研究開発を行い、そのための経費を支弁するものとし、企業等からの寄付金及び国等からの補助金については対象から除外している。また、治験及び病理組織検査についても除外している」としています。

第3章 TLOと大学知的財産本部の現状

表3-13：受託研究の件数と研究費の推移

件数	国立大学等 件	前年比(倍)	私立大学等 件	前年比(倍)	公立大学等 件	前年比(倍)	合計 件	前年比(倍)
2000年度	6,368		-		-		-	
2001年度	5,701	0.90	-		-		-	
2002年度	6,584	1.15	-		-		-	
2003年度	6,986	1.06	5,771		1,029		13,376	
2004年度	7,827	1.12	6,240	1.07	1,169	1.14	15,236	1.11
2005年度	9,008	1.15	6,796	1.09	1,156	0.99	16,960	1.11

研究費	国立大学等 千円	前年比(倍)	私立大学等 千円	前年比(倍)	公立大学等 千円	前年比(倍)	合計 千円	前年比(倍)
2000年度	50,872,225		-		-		-	
2001年度	35,123,079	0.69	-		-		-	
2002年度	40,618,201	1.16	-		-		-	
2003年度	61,017,654	1.50	21,477,296		3,409,409		85,904,359	
2004年度	77,247,334	1.27	20,947,810	0.98	3,032,178	0.89	101,227,322	1.18
2005年度	97,145,763	1.26	26,071,967	1.24	3,262,017	1.08	126,479,747	1.25

図3-34：分野別の受託研究の推移

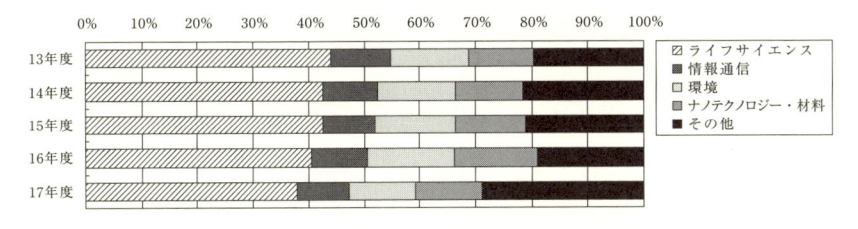

（凡例：ライフサイエンス、情報通信、環境、ナノテクノロジー・材料、その他／13年度〜17年度）

　民間企業との受託研究は、前年度に比較して減少しています。一方で、国や公益法人からの受託研究が増加したこともあり、民間企業との受託研究は件数割合で、41.7％から37.1％へ4.6ポイント減、金額割合で12.6％から9.7％へ約3ポイント減となっています。

図3-35：受託研究の相手先

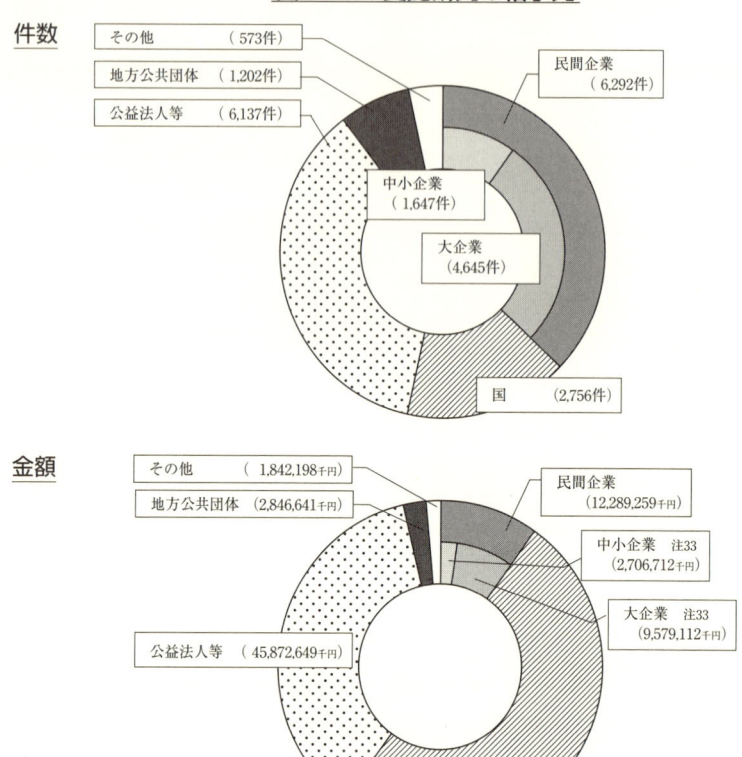

件数
- その他 （573件）
- 地方公共団体 （1,202件）
- 公益法人等 （6,137件）
- 中小企業 （1,647件）
- 大企業 （4,645件）
- 民間企業 （6,292件）
- 国 （2,756件）

金額
- その他 （1,842,198千円）
- 地方公共団体 （2,846,641千円）
- 公益法人等 （45,872,649千円）
- 民間企業 （12,289,259千円）
- 中小企業 注33 （2,706,712千円）
- 大企業 注33 （9,579,112千円）
- 国 （63,629,000千円）

表3-14：民間企業（中小企業）からの受託研究の推移

件数	受託研究 総件数 ①	うち民間企業数 ②	割合 ②／①	うち中小企業数 ③	民間企業に占める割合 ③／②
2003年度	13,786	5,457	39.6 %	1,283	23.5 %
2004年度	15,236	6,359	41.7 %	1,702	26.8 %
2005年度	16,960	6,292	37.1 %	1,647	26.2 %

金額	受託研究 総金額 ①	うち民間企業 ②	割合 ②／①	うち中小企業 ③	民間企業に占める割合 ③／②
2003年度	85,904,359	11,045,818	12.9 %		
2004年度	101,227,322	12,710,311	12.6 %		
2005年度	126,479,747	12,289,259	9.7 %	2,706,712	22.0 %

第3章　TLOと大学知的財産本部の現状

図3-36：各大学の受託研究件数と研究費の分布（2005年度）[注33]

研究費総額（億円）／共同研究の件数（件）

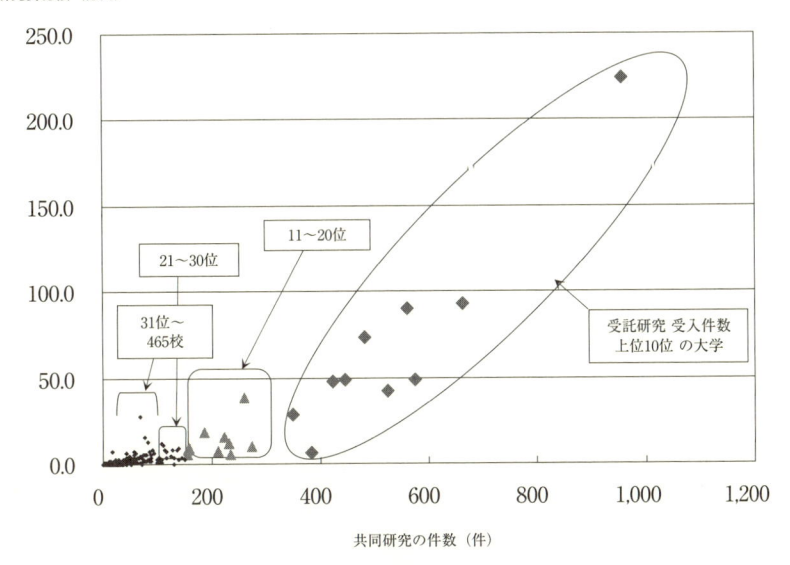

（グラフ中の注記：受託研究 受入件数 上位10位 の大学、11～20位、21～30位、31位～465校）

表3-15：受託研究件数と研究費の上位10校（2005年度）

受託研究 件数 上位10校	
東京大学	953
京都大学	664
早稲田大学	577
大阪大学	562
慶應義塾大学	524
東北大学	483
九州大学	445
北海道大学	424
大阪市立大学	383
名古屋大学	350

受託研究 研究費（千円） 上位10校	
東京大学	22,452,647
京都大学	9,282,207
大阪大学	8,980,815
東北大学	7,358,066
早稲田大学	4,899,556
九州大学	4,898,014
北海道大学	4,766,276
慶應義塾大学	4,271,820
東京工業大学	3,843,101
名古屋大学	2,816,247

<u>受託研究1件あたりの研究費</u>は、全大学の平均で324万円となっています。[注]

表3-16：受託研究受入件数順位階層別の1件あたりの研究費（2005年度）[注33]

受入件数の上位10校の平均	1,174万円/1件
同11～20位の平均	614万円/1件
同21～30位の平均	362万円/1件
同31位～　　の平均	302万円/1件

図3-37：受託研究の研究費の分布（2005年度）[注33]

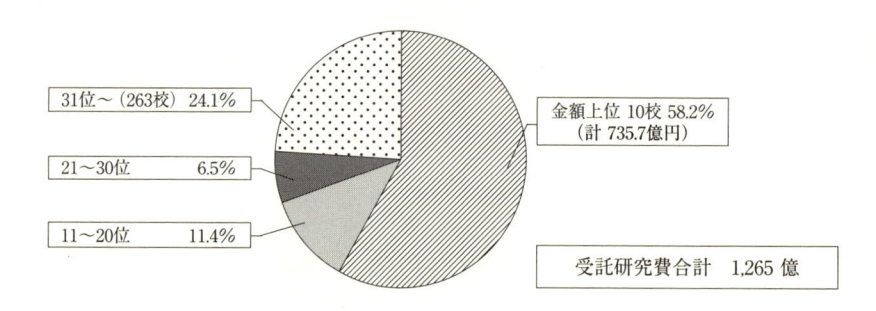

- 金額上位10校 58.2%（計 735.7億円）
- 11～20位 11.4%
- 21～30位 6.5%
- 31位～（263校）24.1%
- 受託研究費合計 1,265億

[注] 大学毎に1件当りの金額を求め、その平均額を求めたものです。

3.2.4 科学研究費補助金

　文部科学省の資料によると、2005年度の大学等[35]における科学研究費補助金の採択件数は4万1,906件、配分額（直接経費）の総額は約1,390億円となっています[36]。

　図3-38、表3-17に、国立大学、私立大学、公立大学における科学研究費補助金の推移を示しました。2005年度は件数で5％、金額で2％の伸びにとどまっています。

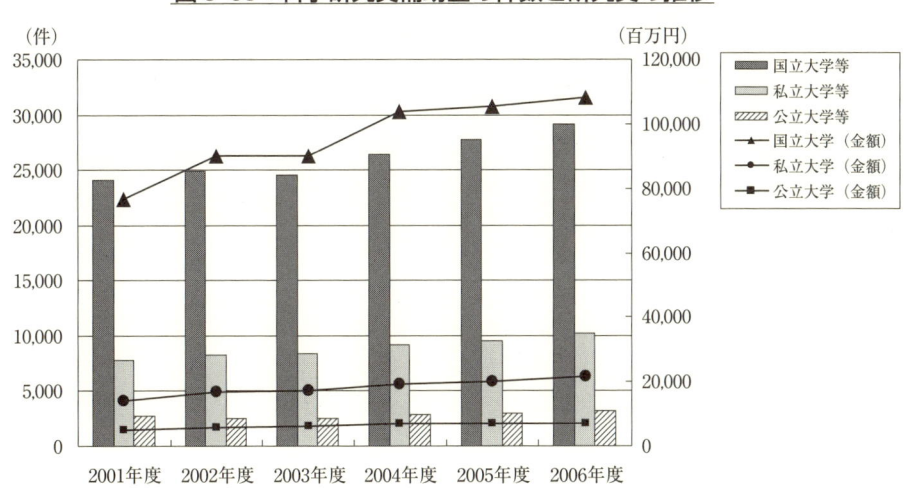

図3-38：科学研究費補助金の件数と研究費の推移

---

[35] 国公私立大学及び、短期大学、高等専門学校、大学共同利用機関法人。
[36] 人文・社会系分野への配分が含まれています。2005年度では、科学研究費補助金の件数全体の18.4％、金額全体の11.2％が人文・社会系分野とされています。

表3-17：科学研究費の件数と研究費の推移

件数	国立大学 件	前年比(倍)	私立大学 件	前年比(倍)	公立大学 件	前年比(倍)	合計 件	前年比(倍)
2000年度								
2001年度	24,113		7,828		2,752		34,693	
2002年度	24,935	1.03	8,245	1.05	2,531	0.92	35,711	1.03
2003年度	24,525	0.98	8,343	1.01	2,543	1.13	35,411	0.89
2004年度	26,385	1.08	9,237	1.11	2,858	0.89	38,480	1.09
2005年度	27,821	1.00	9,481	1.03	3,013	1.12	40,315	1.05

研究費	国立大学 百万円	前年比(倍)	私立大学 百万円	前年比(倍)	公立大学 百万円	前年比(倍)	合計 百万円	前年比(倍)
2000年度								
2001年度	76,575		14,319		5,216		96,110	
2002年度	90,096	1.18	16,968	1.18	5,915	1.13	112,979	1.18
2003年度	89,940	1.00	17,315	1.02	6,404	1.08	113,659	1.01
2004年度	103,782	1.15	19,379	1.12	7,109	1.11	130,270	1.15
2005年度	105,280	1.01	20,181	1.04	7,258	1.02	132,719	1.02

3.3 発明開示と特許
Invention Disclosures and Patents

　2001年6月11日に文部科学省は「大学を起点とする日本経済活性化のための構造改革プラン」いわゆる遠山プランを発表し、大学発の新産業創出への加速のため、大学の特許取得件数について、年間100件（2001年当時）を10年後に約1,500件（15倍）にするという目標を掲げました。

　その後、文部科学省により大学知的財産本部整備事業が推進され、また、特許庁からも「大学知的財産管理アドバイザー」がとくに地方の大学に派遣されるなど、大学における知的財産管理体制の構築が推進されてきました。

　2005年は、遠山プランの発表から5年目にあたります。大学の教官の発明について大学に帰属させる「機関帰属」への移行も進み、教官から大学への「発明届出」、届出を受けて大学が行う「特許出願」、その後の「特許登録」へと、順次、それぞれの件数は増加していくことが予想されます。

表3-18：知的財産の機関帰属の有無（2006年4月）

	原則機関帰属	原則個人帰属	設定していない
総数	269	34	284
国立大学等	87	2	3
私立大学等	141	19	264
公立大学等	41	13	17

（文部科学省データ）

3.3 発明開示と特許

3.3.1 発明開示 *- Invention Disclosures*
《米国との比較》
《発明届出の件数の上位大学》

3.3.2 特許 *- Patents*
(1) 特許出願件数 *- PatentApplicationsFiled*
《特許出願の件数の上位大学》
《発明届出件数と特許出願件数の対比》
《発明届出件数と特許出願件数の対比》
《米国との比較》
(2) 出願公開件数
(3) 特許登録件数 *- PatentsIssued*
《米国との比較》

大学を起点とする日本経済活性化のための構造改革プラン
大学が変わる、日本を変える

平成13年6月 文部科学省

《大学を核とした3つの改革》 Ⅰ 世界最高水準の大学作り
《改革の方向性》　　　　　　大学発の新産業創出への加速

《具体的プラン》

・大学発の成果の産業化の目標

　特許取得　　　　：　現在年間100件を10年後約1500件に
　特許の企業化　　：　現在70件（TLO関連）を5年後約700件に
　大学発ベンチャー：　「日本版シリコンバレー」を今後10年で全国に10
　　　　　　　　　　　ヶ所以上創出

・上記目標の達成のための取組み

　大学の取組　：　全理工学部にビジネス講座を設置し、起業家人材を育成（企
　　　　　　　　　業人の教員への登用推進）
　　　　　：　企業人の積極的受け入れ、共同研究の推進等による研究に
　　　　　　　　　おける企業ニーズの反映
　　　　　：　学内施設の利用促進、共同研究センターの機能強化等によ
　　　　　　　　　る大学発起業の強力な支援
　企業に期待される取組
　　　　　：　企業から大学への委託研究費を5年で10倍
　　　　　：　企業資金によるキャンパス内産学共同研究施設の整備促進
　　　　　：　「冠講座」、「冠奨学金」の大幅増加
　産学連携の環境作り
　　　　　：　企業との共同研究のためのマッチング機能の強化（目利き
　　　　　　　　　人材の養成、ファンド提供　等）
　　　　　：　発明補償金制度の上限撤廃等による研究者の産学連携への
　　　　　　　　　インセンティブ強化
　　　　　：　「大学・産業人対話会議」の設立（産業界の要請の明確化
　　　　　　　　　と産業界による大学の育成支援促進）

3.3.1 発明開示 - Invention Disclosures

大学等に対する研究者等からの発明届出の件数は年々増加しており、2005年度には全大学の合計件数で1万202件に達し、2003年度から2005年度の2年間で26.3％（+2,124件）の増加を示しています[37]。

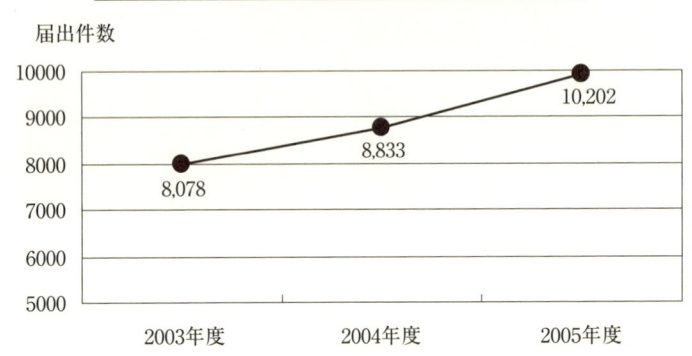

図3-39：発明届出件数の推移（全大学合計）

届出件数
- 2003年度: 8,078
- 2004年度: 8,833
- 2005年度: 10,202

	2003年度	2004年度	2005年度	注33
発明届出のあった大学数	153校	181校	240校	
一大学での最大 届出件数	977件	587件	573件	
一大学あたり平均 届出件数	52.8件	48.8件	42.5件	

　注33の8月2日発行資料によれば、届出件数の上位20校での合計件数は8.5％（+455件）の増加に留まっています。一方、発明届出のあった大学数は、153校（2003年度）から240校（2005年度）へと56.9％増加しており、届出件数の規模別に大学数をみると（図3-40）、届出件数が10件未満の大学数が2003年度の61校から約2倍の130校となっているなど、届出件数が比較的少ない大学が増えて「裾野が広がっている」状況にあることが分かります。

---

[37] 本サーベイにおいて各大学の発明届出件数については文部科学省のデータを用いています。

第3章　TLOと大学知的財産本部の現状

このように、大学を通じた知的財産権の取得・管理は拡大しており、大学等における研究成果として生じた知的財産の取扱いを"機関帰属"とする私立大学も増えつつあります。

図3-40：発明届出件数規模別の大学校数[注33]

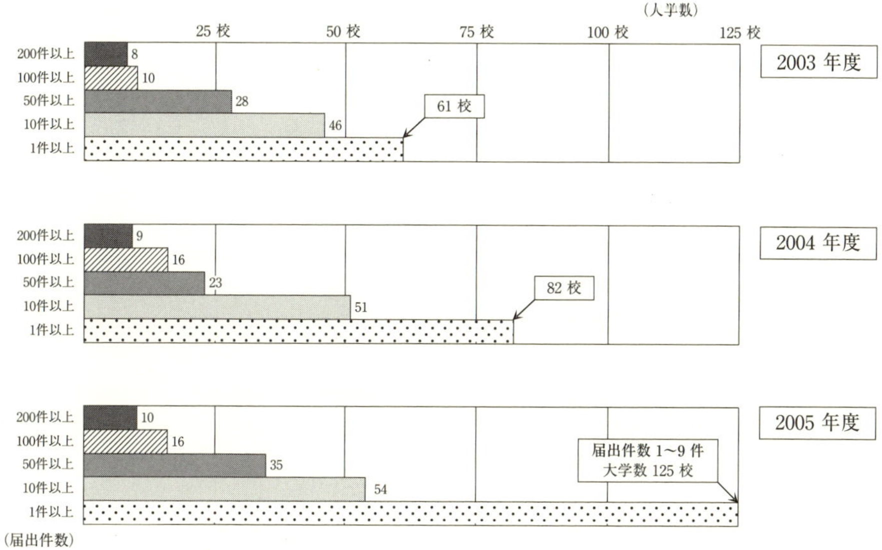

(大学数)

2003年度
- 200件以上：8
- 100件以上：10
- 50件以上：28
- 10件以上：46
- 1件以上：61校

2004年度
- 200件以上：9
- 100件以上：16
- 50件以上：23
- 10件以上：51
- 1件以上：82校

2005年度
- 200件以上：10
- 100件以上：16
- 50件以上：35
- 10件以上：54
- 1件以上：届出件数1～9件 大学数125校

(届出件数)

91

《米国との比較》

表3-19：発明届出件数の日米比較

	2003年度	2004年度	2005年度
届出件数（日本）	8,078	8,833	10,202
届出件数（米国AUTM）	15,510	16,811	17,382
（AUTM回答機関数）	198	198	191

　2005年度の発明届出件数（Invention Disclosures）を日米で比較すると、その合計は日本で1万202件、米国で1万7,382件となっています。それぞれの回答大学数（機関数）は、日本で240機関、米国で191機関となっていて、先にもみたように日本の場合には届出件数が10件未満の大学も多く回答しているため、回答大学数は多くなっています。

図3-41：発明届出件数規模別の大学数（機関数）の日米比較[38,注33]

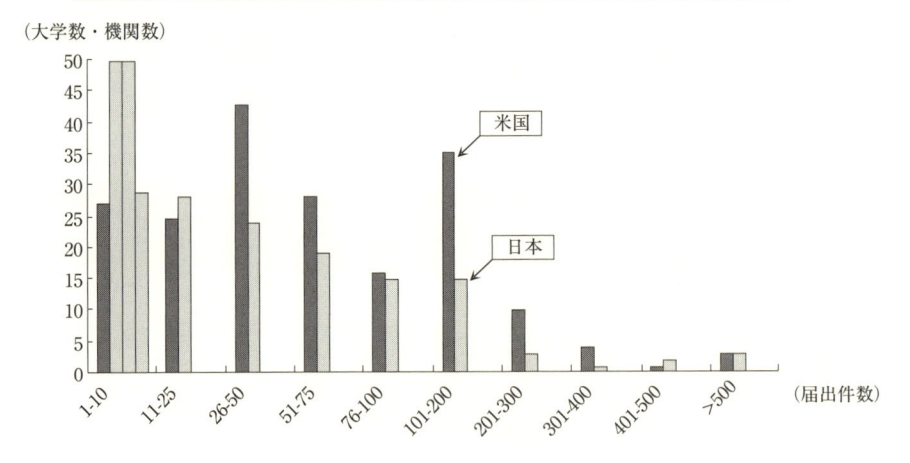

（大学数・機関数）縦軸、（届出件数）横軸のグラフ。米国と日本の比較。

---

[38] 米国については2004年度（Licensing Survey 2004）のデータ

届出件数規模別の回答大学数（機関数）をみると、届出件数が100件から400件の機関数が米国は日本の2倍以上あって、この部分で両者の届出件数に差が生じる結果となっています。

大学における研究費は、日本の場合、自然科学部門において2兆1,527億円であるのに対し、米国ではAUTM Licensing Surveyに回答した機関の合計で423億ドル（約5兆円）であるので、2倍程度の開きがあり、発明の届出件数についても研究費の比率程度の開きがある結果となっています。

《発明届出件数の上位大学》

表 3-20：発明届出件数上位20校[注33]

（届出件数）

東京大学	573		
東北大学	527		
大阪大学	525		
東京工業大学	464		
京都大学	457		
北海道大学	309		
名古屋大学	289		
九州大学	287		
東京農工大学	216	（上位10校の合計)	
大阪府立大学	212	3,859	37.8％
広島大学	191		
慶應義塾大学	189		
名古屋工業大学	159		
山口大学	146		
信州大学	135		
静岡大学	135		
東京理科大学	134		
千葉大学	131		
日本大学	128	（上位20校の合計)	
筑波大学	122	5,329	52.2％

　発明届出数の多い上位20校は、表3-20のようになっており、上位20校でわが国の発明届出数の半数以上（5,237件：52.8％）を占める結果となっています。

図 3-42：発明届出件数の分布[注33]

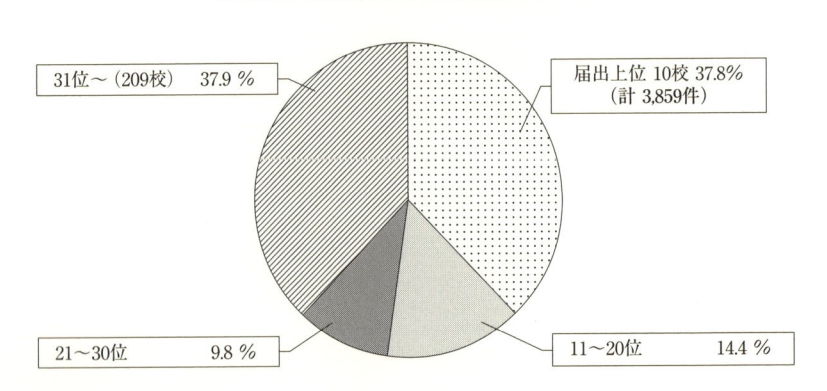

- 届出上位10校 37.8％（計 3,859件）
- 11〜20位　14.4％
- 21〜30位　9.8％
- 31位〜（209校）　37.9％

3.3.2 特許 - *Patents*

(1) 特許出願件数 - *Patent Applications Filed*

　大学等からの特許出願件数[39]については、2005年度には全大学の合計件数（国内出願と外国出願[40]の合計）で8,527件に達し、2003年度から2005年度にかけて約3.5倍（+6,065件）と極めて高い増加を示しています。

　このうち国内出願については約3.8倍（1881件（2003年度）→ 7,197件（2005年度））、外国出願については約2.3倍（581件（2003年度）→ 1,330件（2005年度））となっていて、費用が3〜4倍必要な外国出願についても伸びていることが分かります。

図3-43：特許出願件数の推移（全大学合計）

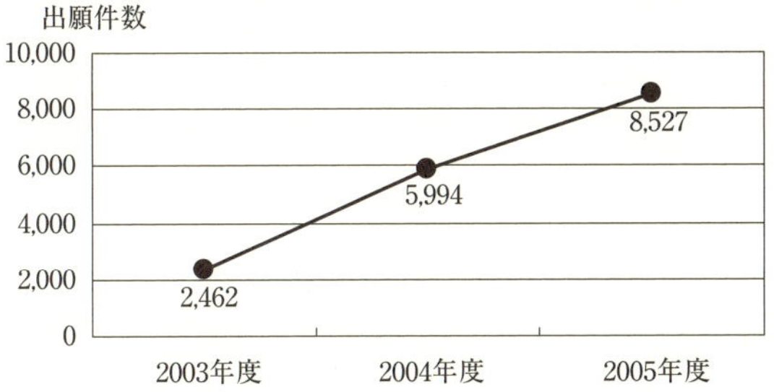

	2003年度	2004年度	2005年度
全大学合計件数	2,462	5,994	8,527
（前年度比）		243.5 %	142.3 %
うち国内出願件数	1,881	5,085	7,197
うち外国出願件数	581	909	1,330

　特許出願件数が急増している要因として、企業における産学連携に対する理解が進んだことにより、共同研究先等の企業の経費負担によって特許出願が可

---

[39] 本サーベイにおいて各大学の特許出願件数については文部科学省のデータを用いています。
[40] 外国出願において複数の国に出願した場合は、出願した国すべてを数えています。

能となってきたことが一因として考えられます。さらに大きな要因としては、独立行政法人科学技術振興機構（JST）による外国出願を含めた特許化支援の充実による出願増が著しいと考えられます。

表3-21：特許出願件数の推移（全大学合計） [注33]

	2003年度	2004年度	2005年度
特許出願のあった大学数	113校	157校	222校
一大学での最大 出願件数	236件	313件	536件
一大学あたり平均 出願件数	21.8件	38.1件	38.3件

　先にみた発明届出件数では一大学あたりの件数は減少していますが、これと対照的に、特許出願については、一大学あたりの件数も大きく増加しています。（表3-21）

　特許出願を行った大学数が113校（2003年度）から222校（2005年度）へと約2倍に増加しており、また、特許出願件数10件未満の大学数も大きく増加して大学の裾野が広がるなど、発明届出と同様の傾向を示していますが、さらに、以前から特許出願に取り組んでいた大学の特許出願件数も増加したことにより、一大学あたりの特許出願件数を押し上げる結果となっています。（図3-44）

第3章　TLOと大学知的財産本部の現状

図3-44：特許出願件数の推移（全大学合計）[注33]

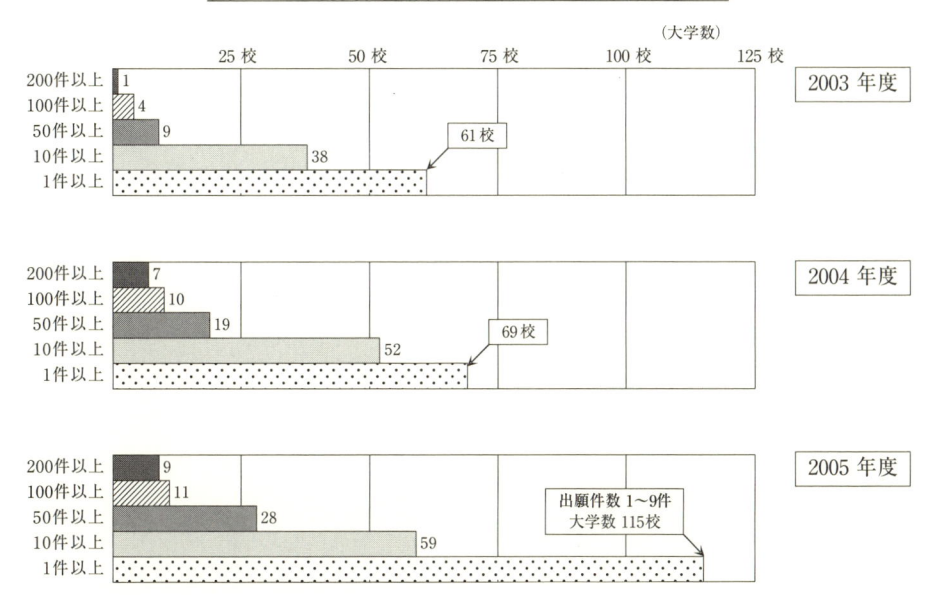

（大学数）

2003年度
- 200件以上：1
- 100件以上：4
- 50件以上：9
- 10件以上：38
- 1件以上：61校

2004年度
- 200件以上：7
- 100件以上：10
- 50件以上：19
- 10件以上：52
- 1件以上：69校

2005年度
- 200件以上：9
- 100件以上：11
- 50件以上：28
- 10件以上：59
- 1件以上：出願件数1～9件　大学数115校

97

《特許出願件数の上位大学》

表3-22：特許出願件数上位20校

（出願件数）

大学	出願件数		
京都大学	536		
東北大学	443		
東京大学	377		
東京工業大学	352		
慶應義塾大学	314		
大阪大学	280		
北海道大学	272		
日本大学	243		
名古屋大学	240	（上位10校の合計）	
東京農工大学	182	3,239	37.9 %
九州大学	172		
広島大学	153		
名古屋工業大学	147		
山口大学	146		
大阪府立大学	136		
信州大学	127		
千葉大学	125		
東京理科大学	124		
早稲田大学	110	（上位20校の合計）	
徳島大学	100	4,579	53.7 %

特許出願件数の多い上位20校は、表3-22のようになっており、上位20校でわが国の大学の特許出願件数の半数以上（4,588件：53.9％）を占める結果となっています。

図3-45：特許出願件数の分布[注33]

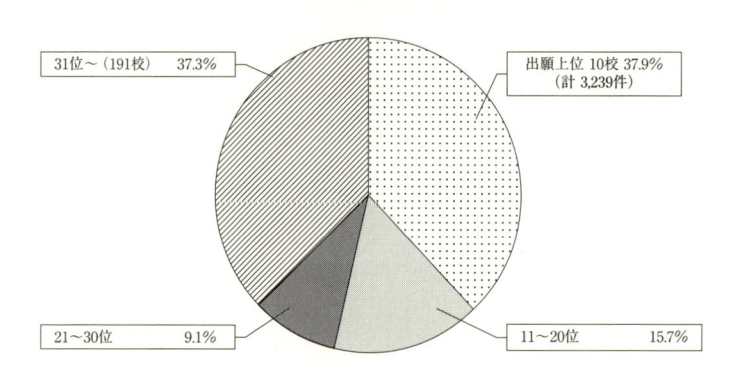

- 出願上位10校 37.9%（計 3,239件）
- 11～20位 15.7%
- 21～30位 9.1%
- 31位～（191校）37.3%

第3章　TLOと大学知的財産本部の現状

《発明届出件数と特許出願件数の対比》

　大学における発明届出件数と特許出願件数の両者を各年度で比較してみると図3-46のようになります。

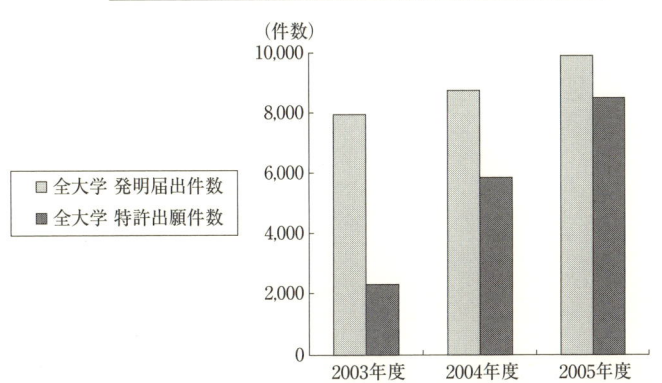

図3-46：発明届出件数と特許出願件数の推移

凡例：
- 全大学 発明届出件数
- 全大学 特許出願件数

	2003年度	2004年度	2005年度
全大学合計 届出件数	8,078	8,833	10,202
全大学合計 出願件数	2,462	5,994	8,527
うち国内出願件数	1,881	5,085	7,197
特許出願件数／発明届出数	0.305	0.679	0.836
国内出願件数／発明届出数	0.233	0.576	0.705

　各年度の〔国内出願件数／発明届出数〕から、大学に届け出された発明がどの程度の割合で特許出願されているかを測ることができます（正確には、大学への発明届出の後、大学への知的財産の帰属が決定されて大学が実際に特許出願を行うまでには、ある程度の期間を要するため、発明届出と特許出願には年度にズレが生じるケースも想定されます。）。2003年度に、その割合が約20％であったのに比較して、2005年度には70％を超えており、大学に届け出された発明の大半が特許出願される状況に変化してきていることが分かります。

大学において知的財産の権利取得に向けた活動が始動してきているとともに、研究者に知的財産の保護・活用の意識づけを行うためにも積極的な特許出願が必要であることが理解できますが、一方で、活用の観点から特許権の取得が必要な発明を厳選する「知財管理」が、大学において十分に行われているか検証すべき事態とも考えられます。

　また、これらの出願が審査請求され特許登録されるまでには、さらに大きな負担が必要となります。今後、急増した特許出願件数に見合うように、大学やTLOの特許管理体制を構築し、特許登録に向けて円滑に手続きを進めることが求められます。

　各大学について2005年度の発明届出件数と特許出願件数を分布図としてプロットすると図3-47のようになります。

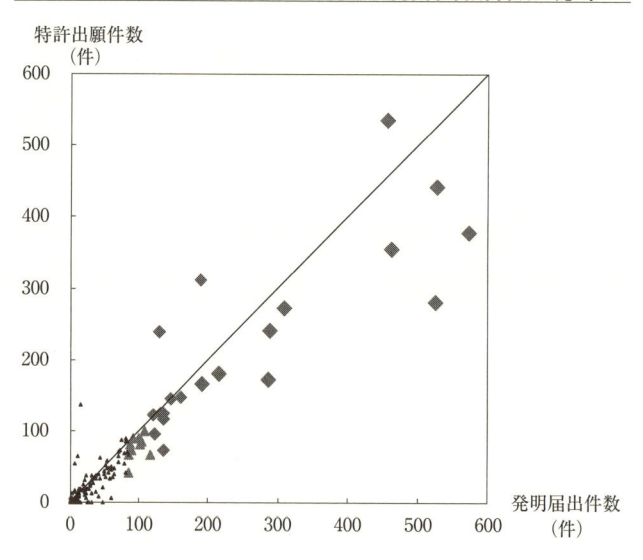

図3-47：各大学の発明届出件数と特許出願件数の分布[注33]

　図3-47のように発明届出件数：特許出願件数が1：1になる直線を中心として分散しています。発明届出件数が多い大学では〔特許出願件数／発明届出件数〕が相対的に低くなっており、特許出願の厳選も含めた知的財産の管理体

制が構築されていることが予想されます。一方、大学における知的財産管理の推進を開始したばかりの大学では、研究者に対する発明届出の奨励が行われており、特許出願の厳選に優先して、積極的な特許出願を実施している実態も考えられます。

　そのほか、発明届出から特許出願までにタイムラグがあることや、1件の発明届出に発明が複数開示されていて複数の特許出願となる場合、逆に、複数の発明届出による複数の発明がまとめられて1件の特許出願とされる場合があること等により、発明届出と特許出願件数とは必ずしも一致しません。大学によっては、大学からの特許出願の厳選を目的に、多くの発明を研究者に返還（帰属）しているケースもあります。

《米国との比較》

　大学の発明届出件数と特許出願件数の推移を、日米で比較したのが図3-48です[41]。

　発明届出件数、特許出願件数は日米ともに年々増加する傾向にあります。日本の発明届出件数2003～2005年の件数レベル（8,000～1万件）は、米国AUTMの9年前（1994～1996年）の件数レベル（件数とその伸び）に匹敵します（なお、日米で回答した大学数は異なります）。

　一方、特許出願件数については、日本の件数の伸びが大きく、2005年の特許出願件数は、米国の2001年の特許出願件数と同レベルにまで至っています。発明届出数に対する特許出願件数の率（図3-48中に示された％）は、米国では徐々に増加して、近年50％を超え2004年には63％に至っていますが、日本では2003年の22％から急速に伸び、2005年には70％を超えています（国内出願について）。日本の大学の場合には、公的な支援による特許出願も多くあること、また、特許出願審査請求制度があるため、前広に特許出願を行っておき審査請求時点で厳選するという運用をする傾向があること等が要因として考えられます。

---

[41] 米国AUTMデータは、米国回答者（U.S. Respondents）の集計。日本データは文部科学省より提供されたデータ（大学数は前出のとおり）。

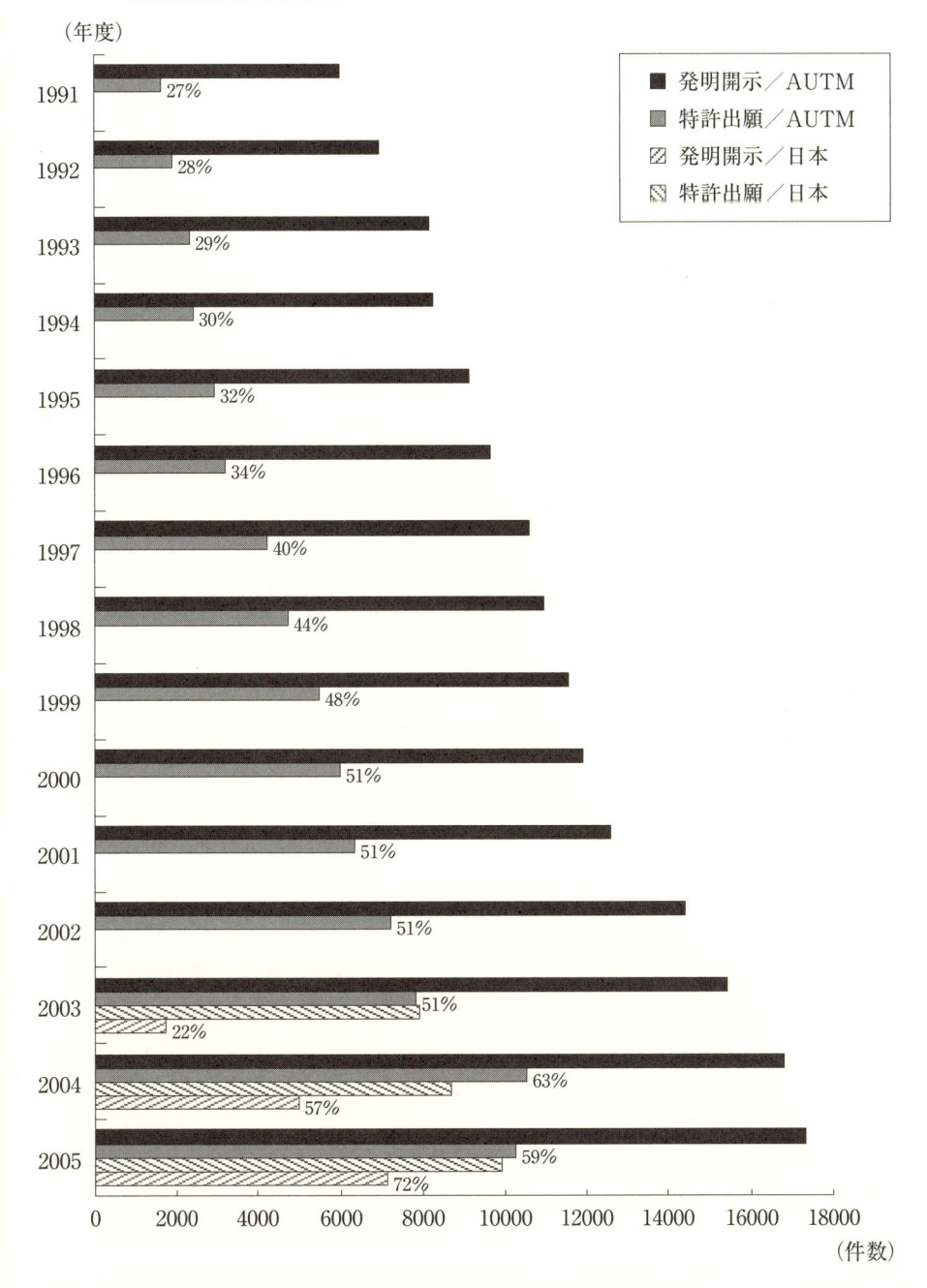

第 3 章　TLO と大学知的財産本部の現状

図 3-48：発明届出件数と特許出願件数の推移（米国との比較）

凡例：
- ■ 発明開示／AUTM
- ■ 特許出願／AUTM
- ▨ 発明開示／日本
- ▨ 特許出願／日本

年度	特許出願/AUTM 比率	日本比率
1991	27%	
1992	28%	
1993	29%	
1994	30%	
1995	32%	
1996	34%	
1997	40%	
1998	44%	
1999	48%	
2000	51%	
2001	51%	
2002	51%	
2003	51%	22%
2004	63%	57%
2005	59%	72%

（件数）

103

(2) 出願公開件数

　特許出願から通常18カ月で出願された発明の内容は出願公開されます（出願公開までに出願の取り下げなどがあり、出願と1対1に対応するものではありません）。特許庁データ[42]をまとめて、大学の出願及び承認TLOの出願に係る出願公開件数の推移をみると、図3-49のようになります[43]（注：年度ではなく年ベース。）。

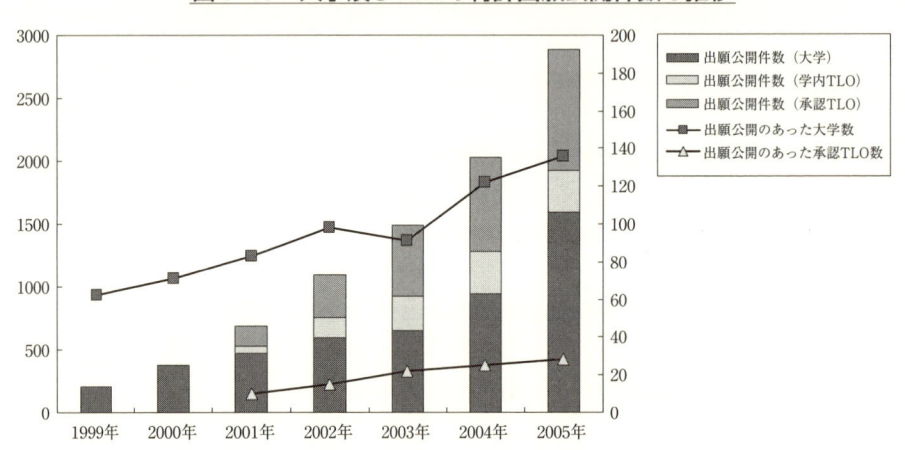

図3-49：大学及びTLOの特許出願公開件数の推移

	出願公開件数（大学）	（学内TLO）－内数－	出願公開件数（承認TLO）	大学の数	TLOの数
1999年	203	---	---	62	---
2000年	382	---	---	71	---
2001年	524	(49)	161	83	10
2002年	756	(158)	339	98	15
2003年	925	(276)	567	91	22
2004年	1,284	(343)	748	122	25
2005年	1,922	(332)	964	136	28

---

[42] 特許行政年次報告書1999～2006年版。
[43] 同特許庁報告書では、大学については「出願人が大学長名又は大学を持つ学校法人名となっている出願」の件数と、このうち「学内組織で形成されたTLO（技術移転機関）を利用した出願であることが明らかな出願」の件数（内数）が報告されているので、本サーベイでは、後者を除いた前者の件数を"出願公開件数（大学）"とし、後者を"出願公開件数（学内TLO）"とした。また、"出願公開のあった大学数"は、前者に関する大学数とした。
承認TLOについては、「出願人がTLO名となっている出願」の件数であるが、「学内組織で形成されたTLOを利用した出願であることが明らかな出願」は含めずに報告されている。

第3章　TLOと大学知的財産本部の現状

(3) 特許登録件数　- Patents Issued

　各年の大学及びTLOの特許登録件数の推移は、図3-50のようになります[44]。

　大学名（学内TLOを含む）による特許登録件数は2001年以降増加傾向にあり、2005年は前年に比較して49.4％増の296件に至っています。また、承認TLO（学内TLOを除く）が取得した特許登録件数は、前年比約2倍の104件に至っています。

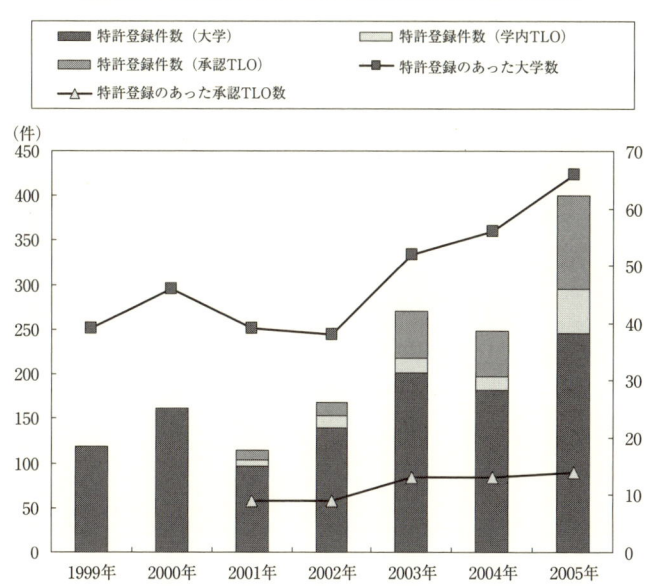

図3-50：大学及びTLOの特許登録件数の推移

凡例：
- 特許登録件数（大学）
- 特許登録件数（学内TLO）
- 特許登録件数（承認TLO）
- 特許登録のあった大学数
- 特許登録のあった承認TLO数

	特許登録件数（大学）	（学内TLO）－内数－	特許登録件数（承認TLO）	大学の数	TLOの数
1999年	119	---	---	39	---
2000年	161	---	---	46	---
2001年	103	(6)	12	39	9
2002年	153	(13)	15	38	9
2003年	218	(16)	53	52	13
2004年	198	(16)	51	56	13
2005年	296	(50)	104	66	14

---

[44] 大学（学内TLOを含む）の特許登録件数は、特許行政年次報告書1999〜2006年版による。承認TLOの特許登録件数は、承認TLOの名称により登録公報を検索した結果（「学内組織で形成されたTLOを利用した出願であることが明らかな出願」は含めていない）。

大学及び承認TLOによる特許登録の件数は、文部科学省が遠山プランを発表した2001年に比べ、約4倍の年間400件に達しています。先にみたように、大学における発明届出件数及び特許出願件数は急増しており、今後も特許登録件数は増大していくものと予想されます。遠山プランが示した目標の達成に向けて、着実に実績があがっているとみられます。

　大学や承認TLOが取得した特許登録件数の分布をみると、図3-51のようになります。

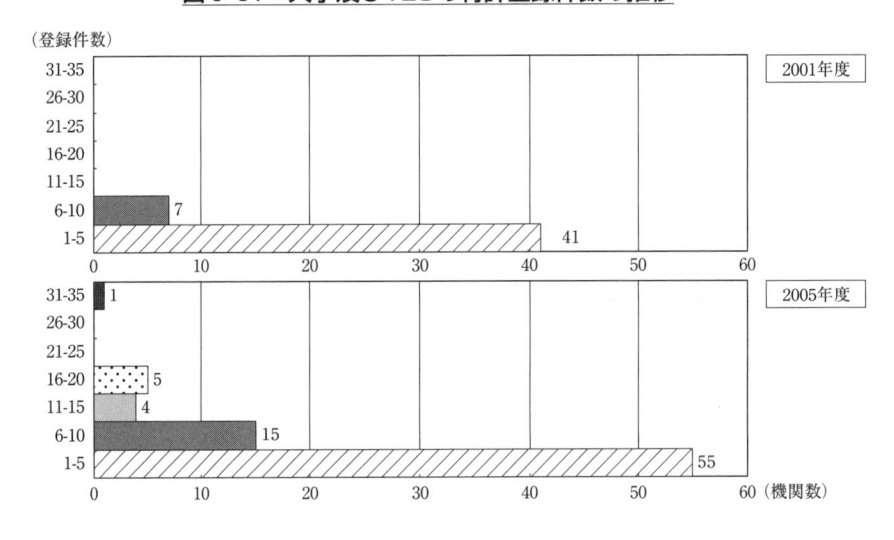

図3-51：大学及びTLOの特許登録件数の推移

(登録件数)

2001年度
- 1-5: 41
- 6-10: 7

2005年度
- 1-5: 55
- 6-10: 15
- 11-15: 4
- 16-20: 5
- 31-35: 1

(機関数)

　2005年に特許登録の多かった大学は、慶應義塾大学の35件で突出しており、続いて名古屋大学17件、東京大学16件と続きます。承認TLOでは、(株)東北テクノアーチと、(財)理工学振興会が19件と多く、続いて(財)北九州産業学術推進機構の16件となっています。

《米国との比較》

　AUTM Licensing Survey に示された米国大学の特許登録件数の推移は図3-52のとおりです。同図には、日本の大学の特許登録件数もプロットしていますが、米国に比較すると未だ低い水準に留まっています。

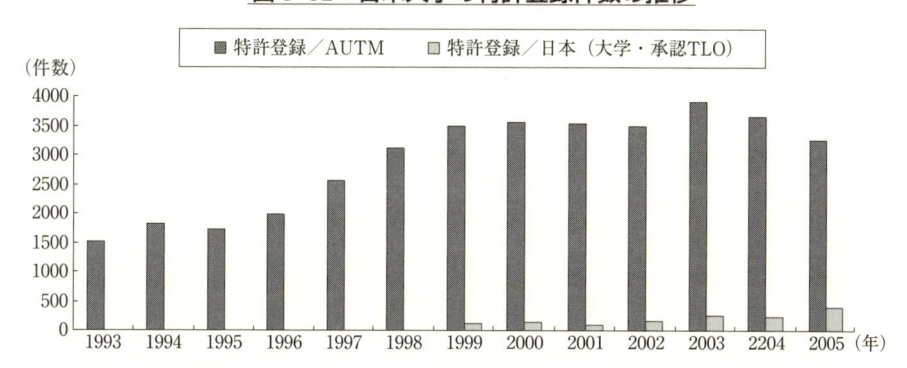

図3-52：日米大学の特許登録件数の推移

　日本では審査請求制度などにより特許登録までには制度的に一定のタイムラグがありますが、出願件数が近年に大きく伸びていることから、今後、わが国における特許登録の件数は大きく伸びていくことが予想されます。特許取得に向けた大学の負担、登録特許維持のための負担を適正なものとするためにも、産業界での活用も意識して（質の高い特許出願が求められることは言うまでもなく）審査請求時点でのふるい分けなど適確な知財管理を推進していく必要があると考えられます。

3.4 ライセンス等の業務実績

Licensing

　大学等技術移転促進法（TLO法）は、大学等から生じた研究成果の産業界への移転を促進し、産業技術の向上及び新規産業の創出を図るとともに大学等における研究活動の活性化を図ることを目的としています。

　大学知的財産本部整備事業もまた、「知」の源泉である大学等における知的財産の戦略的かつ組織的な創出・管理・活用を進めることを目的とし、知的財産の活用による社会貢献を目指す大学づくりを推進するものです。

　大学の「知」を社会で活かしていくために、各機関は、活動の最終段階として、取得した特許権などの知的財産を産業界に移転し活用していく特許ライセンス等の業務を担っています。

　本節では、各機関の特許ライセンス等の業務について、その実績や傾向を報告します。

3.4 ライセンス等の業務実績

3.4.1 各種業務の実績 - *Transactions*
《TLO における出願業務等の受託》
《TLO におけるライセンス業務の受託》
《ライセンスに向けた活動の実績》
《ライセンス活動の実績》
《米国との比較》

3.4.2 ライセンシー企業の規模 - *Size of Licensee Company*

3.4.3 独占的ライセンスの傾向 - *Exclusivity*

3.4.4 ライセンス収入 - *License Income*
《ライセンス収入の内訳》

3.4.1 各種業務の実績 - *Transactions*

《TLO における出願業務等の受託》

 研究者が大学に発明届出を行った場合、大学ではその発明を評価し、職務発明として"特許を受ける権利"を譲り受けて大学で特許出願を行うか、職務発明ではないとして研究者に権利を帰属させるかを判断する必要があります[45]。

 発明の評価には専門的な判断が必要であるため、TLO は大学から、大学の発明評価委員会への参画や評価報告書の作成等の評価業務を受託することがあります、また、大学名での特許出願について、TLO が出願管理業務を受託することがあります。(図 3-53)

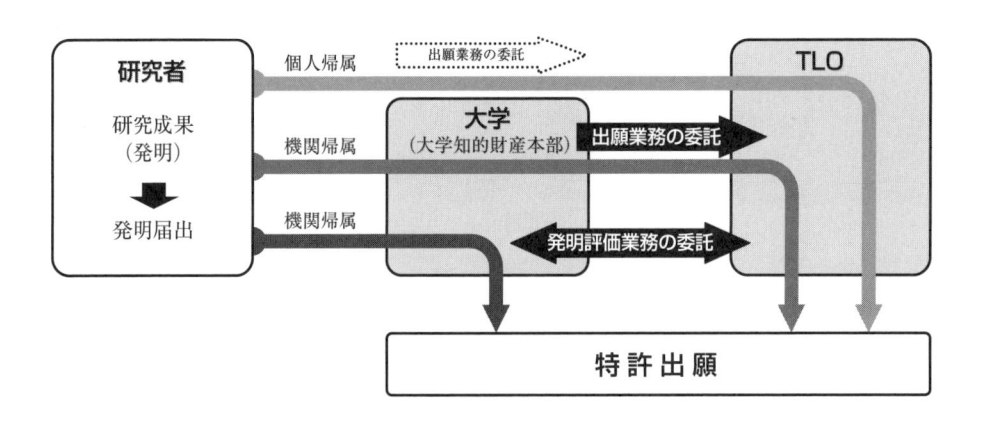

図 3-53：特許出願までの業務

 先にみたように、2005 年度の研究者等による発明届出の件数は全大学の合計で 1 万 202 件と増加、大学等からの特許出願件数（国内出願と外国出願の合計）も 8,527 件と大幅に増加しています。

 こうした中、承認 TLO が大学から発明評価を受託した件数についても、

---

[45] 職務発明であっても、大学が特許出願を行わないとして研究者から特許を受ける権利を承継しない場合には、研究者が TLO 等に特許出願やそのライセンスを依頼することがあります。

2005年度には年間4,211件（41機関）となり、2004年度までの累計値2,463件（39機関）を大きく上回っています。また、大学から出願事務を受託した件数（出願人は大学）も、国内出願で1,522件、外国出願で602件となり、2004年度までの累計値（それぞれ512件、54件）を大きく上回る結果となっています[46]。

これに対し、承認TLOが自ら出願人となった国内特許出願（研究者等から権利の承継を受けて承認TLOの名義で特許出願）件数は、2003年度まで順調に増加してきましたが、2004年度に減少に転じ、2005年度には1,054件（2004年度1,226件）まで減少しました。外国特許出願についても、2004年度の699件から、2005年度には681件に減少しました[47]。

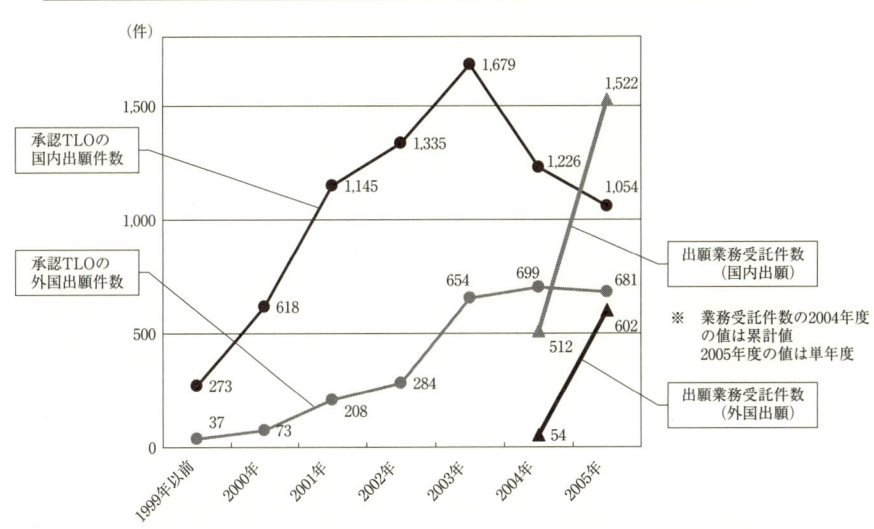

図3-54：承認TLOの特許出願件数と特許出願業務受託件数の推移

※ 業務受託件数の2004年度の値は累計値
2005年度の値は単年度

年度	承認TLOの国内出願件数	承認TLOの外国出願件数	出願業務受託件数（国内出願）	出願業務受託件数（外国出願）
1999年以前	273	37		
2000年	618	73		
2001年	1,145	208		
2002年	1,335	284		
2003年	1,679	654		
2004年	1,226	699	512	54
2005年	1,054	681	1,522	602

従来TLOは、研究者や大学から権利承継を受けて、TLOを出願人とした特

---

[46] いずれも経済産業省調査。TLO・大学知的財産本部一体型（Type 3）を含む（「承認」TLOのみ）。

[47] 特許庁に出願した件数。出願準備中のものを含まない。大学等からすでに出願された研究成果を譲り受けたものは含まない。PCT出願については、出願後国内移行前段階は1件とし、国内移行後は実際に移行した国を各々1件とする。出願したが取り下げた場合は、カウントしない。経済産業省公表のデータ。

許出願を行ってきましたが、近年では、研究者による発明について大学への帰属（機関帰属）が進んだこと、また、大学内部の知的財産管理体制（大学知的財産本部）の整備が進んだことで、研究者の発明についての特許出願は大学を特許出願人として行われるようになり、TLOは、それまでの実績や専門性を活かして、大学から発明評価業務や特許出願の管理事務などを受託するようになったものと推測されます。

《TLOにおけるライセンス業務の受託》
　大学は、保有する特許などの権利について自らライセンス等を行う場合もありますが、技術移転の専門機関であるTLOにライセンス業務を委託することもあります。

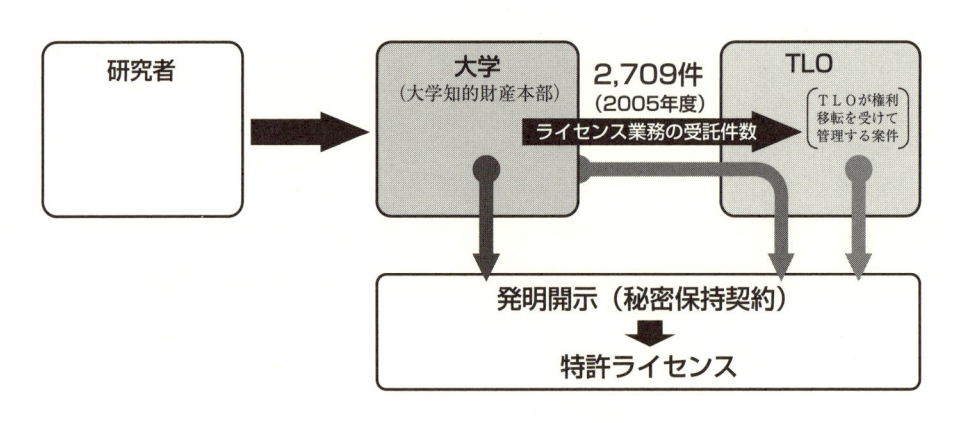

図3-55：特許ライセンス業務

　2005年度に承認TLO（一体型を除く）が大学からライセンス業務を受託した件数は、年間で2,709件ありました（図3-55）。この件数は、2004年度までの累計件数1,417件と比較しても大きな数字となっています[48]。

---

[48]　いずれも経済産業省調査。TLO・大学知的財産本部一体型（Type 3）を含む（「承認」TLOのみ）。

第3章　TLOと大学知的財産本部の現状

　2003年度より大学知的財産本部の整備が開始されましたが、1つの大学に大学の知財本部と承認TLOの両方の機関が併存するケースでは、各種の知的財産管理・活用の業務について大学知的財産本部とTLOとの関係が十分に整理されていないケースもありました。発明評価、出願事務、ライセンス業務などについて、大学知的財産本部からTLOへの業務委託が2005年度に進展したのは、両機関の間の関係整理の一つの成果態様とも考えられます。

　今回の調査に回答のあった大学知的財産本部について、2005年度に大学知的財産本部から外部の機関（産学連携機関や知的財産流通事業者）にライセンスを「委託」した件数は、全体で1,555件となっています。回答のあった27機関のうち21機関は、2005年度に外部機関へのライセンス委託があったと回答しており、その中心的な件数は50件程度となっています（「包括的請負契約」と回答した1機関と、回答件数の突出した1機関を除く。）。

　一方、TLO間の連携などによりTLOから他のTLO（産学連携機関）や知的財産流通事業者にライセンス業務を委託しているケースもあります。TLO（Type 1）の30機関中11機関について平均で21件程度、ライセンス業務を外部に委託していると回答しています。このような連携の傾向は、今後高まっていくと予想されます。

《ライセンスに向けた活動の実績》

　多くの TLO では企業等向けの会員制度を設けて、新規のライセンス情報等を一般公開に優先して提供するなどの仕組みをとっています（会員制度を設けていないと回答した機関は TLO（Type 1 と Type 3）38 機関中で 3 機関でした）。

　会員である企業等に、特許出願（出願前の発明を含む）の情報を開示した実績件数は、回答のあった 45 機関（大学知的財産本部（Type 2）を含む）の合計で、2,447 件に上ります（2005 年度）。1 以上の開示件数を回答した 34 機関の平均は約 72 件ですが、開示件数を 10 件以下と回答した機関が 8 機関、100 件以上が 11 機関と、その活動には幅があります。

　また、会員以外の企業等を含め、企業等と書面による秘密保持契約を締結した上で、情報を開示した特許出願（出願前の発明を含む）の件数は 2005 年度で、TLO と大学知的財産本部 62 機関の合計で 1,090 件でした。150 件近くの秘密保持契約を締結したと回答した機関もありましたが、一方で、62 機関のうち 8 機関で、秘密保持契約の締結件数を 0 件としているなど、秘密保持契約の少ないケースも見受けられます。特許出願前の発明に関わる情報はもとより、公開前の特許出願情報や、特許出願等で開示しないノウハウの情報など、企業等との交渉にあたって知的財産の管理を万全に行っていくことが必要な場面も、今後は益々多く発生すると予想されます。

第 3 章　TLO と大学知的財産本部の現状

《ライセンス契約の実績》

図 3-56：特許ライセンスに向けた業務

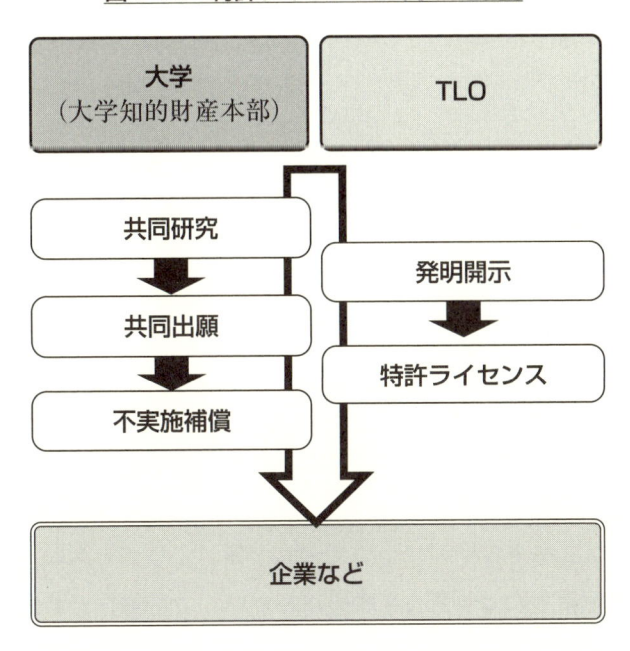

```
┌─────────────────┐  ┌─────────────────┐
│      大学       │  │      TLO        │
│ (大学知的財産本部) │  │                 │
└────────┬────────┘  └─────────────────┘
         │
    ┌────▼────┐         ┌─────────┐
    │ 共同研究 │         │ 発明開示 │
    └────┬────┘         └────┬────┘
         │                   │
    ┌────▼────┐         ┌────▼──────┐
    │ 共同出願 │         │特許ライセンス│
    └────┬────┘         └────┬──────┘
         │                   │
    ┌────▼────┐              │
    │ 不実施補償│              │
    └────┬────┘              │
         │                   │
         └─────────┬─────────┘
                   ▼
            ┌─────────────┐
            │   企業など   │
            └─────────────┘
```

不実施補償契約件数 (62機関) 2,248件	会員向け発明開示件数 (45機関) 2,447件
	秘密保持契約による情報開示件数 (62機関) 1,090件
2005年度に新たに締結したライセンス契約件数 (65機関) （オプション契約を含む） 1,056件	
継続中のライセンス契約総数 (66機関) 2,731件	

2005年度に新たに締結されたライセンス契約[49]は、今回の調査に回答のあった65機関の合計で1,056件となっています。これらを含め2005年度末（2006年3月末）において契約が継続中のライセンス契約数は2,731件となっています。

　これらの件数が最も多かったのは、東京大学産学連携本部で、2005年度に新たに締結したライセンス契約が253件、継続中のライセンス契約数が318件とされています。

　また、不実施補償契約については、2005件度の契約件数が62機関の合計で2,248件となっています。

　各機関の不実施補償の契約件数の分布は、図3-57のようになります。1機関で200件を超える契約件数の機関が複数ある一方で、半数以上の機関が2005年度に不実施補償契約を行っていないと回答しています。不実施補償に限らず、大学と企業とが共有する権利についての大学側と企業側の利益バランスについて、企業側の配慮と、大学側の意識を高めていくことが必要です。

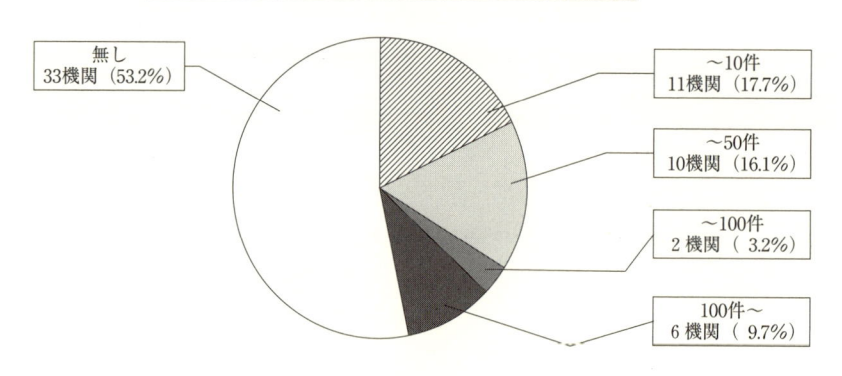

図3-57：不実施補償の契約件数と回答機関数

無し 33機関（53.2%）
～10件 11機関（17.7%）
～50件 10機関（16.1%）
～100件 2機関（3.2%）
100件～ 6機関（9.7%）

---

[49] 「ライセンス契約」とは、知的財産権（特許等、成果有体物（マテリアル）、ソフトウエアなど全般）の有償の実施許諾契約・特許権譲渡契約等とし、有効期間中のオプション契約を含みます。1つの契約であっても異なる発明を含む場合は複数として数えています。例えば、3つの異なる発明を1つのライセンス契約に盛り込んだ場合、3件となります。一方、1つの発明を非独占あるいは分野を区切った独占の条件で複数の契約を締結しても最初の1件のみを数えています。

《米国との比較》

　AUTM Licensing Survey に示された、米国における特許ライセンスの新規契約件数の推移をみると図3-58のようになっています。これによれば、統計が取得されている14年前（1991年）には、回答数109機関でのライセンス契約件数が1,229件でしたが、その後増加して2005年度には約4倍の年間4,932件（回答数190機関）に達しています。

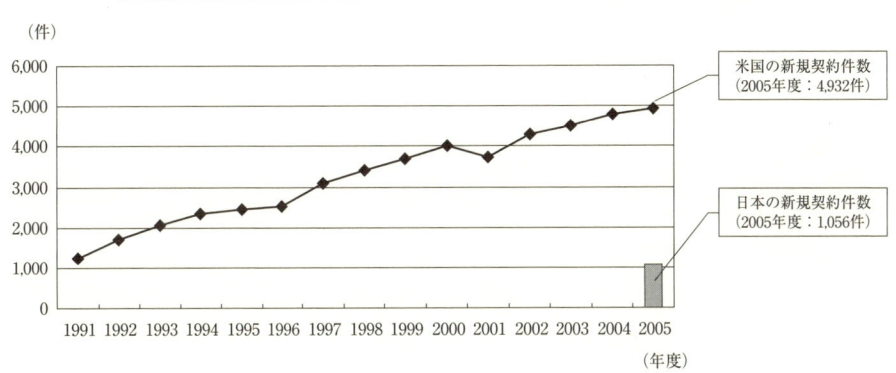

図3-58：米国における特許ライセンスの新規契約件数の推移

（グラフ：米国の新規契約件数（2005年度：4,932件）、日本の新規契約件数（2005年度：1,056件））

　米国における特許ライセンス契約の継続件数の推移を図3-59に示します。AUTM Licensing Surveyによると、図3-58に示した1991～2005年の毎年の新規契約件数を合計していくと、その件数は、4万8,785件であり、2005年度における継続件数が2万8,349件となっていることから、新規契約の約6割が継続していることになります。

図3-59：米国における特許ライセンス契約の継続件数の推移

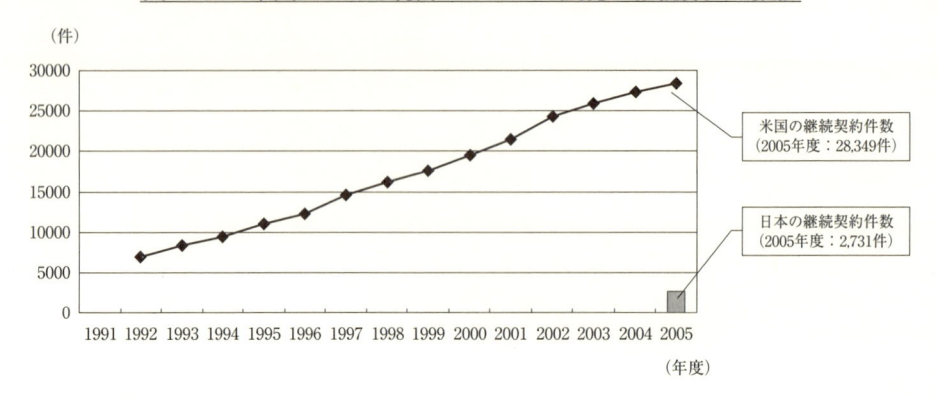

米国の継続契約件数（2005年度：28,349件）
日本の継続契約件数（2005年度：2,731件）

　1年間に新たに締結したライセンス契約件数について、契約件数の規模別に日米の機関数の分布をみると、図3-60のようになります（日本は2005年度、米国は2004年度のデータ）

　日米とも新規契約件数が10件未満の機関が多いものの、米国で回答した機関の全体数が日本の約2.6倍あることを考慮すると、日本では、契約件数が20件以下の機関が比較的多く契約件数30件以上の機関は、米国で多くみられる実態が見てとれます。

図3-60：特許ライセンスの新規契約件数の分布（日米の機関数）

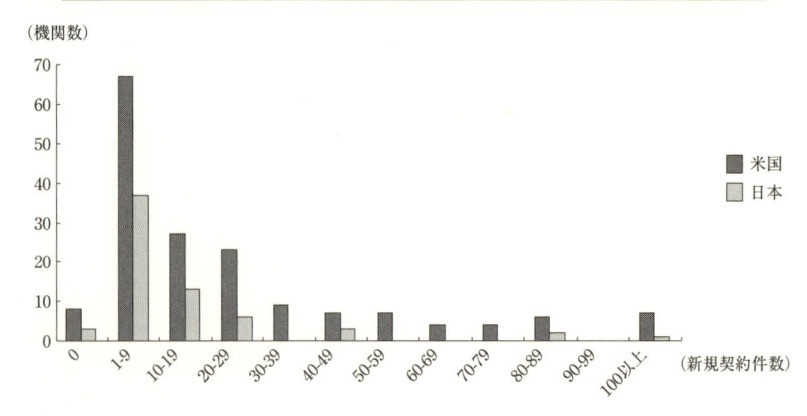

第 3 章　TLO と大学知的財産本部の現状

　契約が継続中のライセンス契約数の分布についての日米比較を図 3-61 に示します。日本では継続中のライセンス契約件数が 10 件以下である機関が最も多く、契約件数の増加に反比例して機関数は減少していきますが、米国では、継続中のライセンス契約件数が 26 〜 50 件である機関が最も多く、その前後でなだらかに減少する分布の傾向が出ています。日本では TLO 等の機関の歴史が浅く、今後は、新規契約の締結による契約件数の累積と、特許期間の満了や契約解消などの減少要因とのバランスにより、米国と同様な分布になっていくことが予測できます。

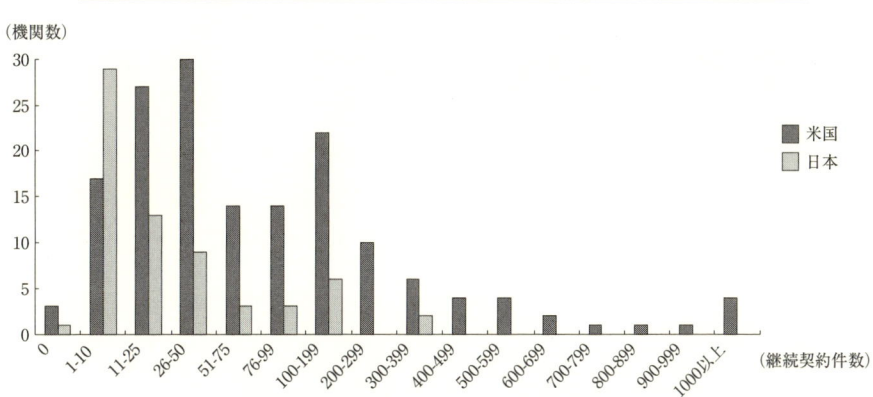

図 3-61：継続中の特許ライセンス契約件数の分布（日米の機関数）

3.4.2 ライセンシー企業の規模 - *Size of Licensee Company*

2005年度に新たに締結したライセンス契約について、そのライセンシー企業（技術移転先企業）の企業規模をみると、図3-62のようになります。

図3-62：ライセンシー企業の規模（日米比較）

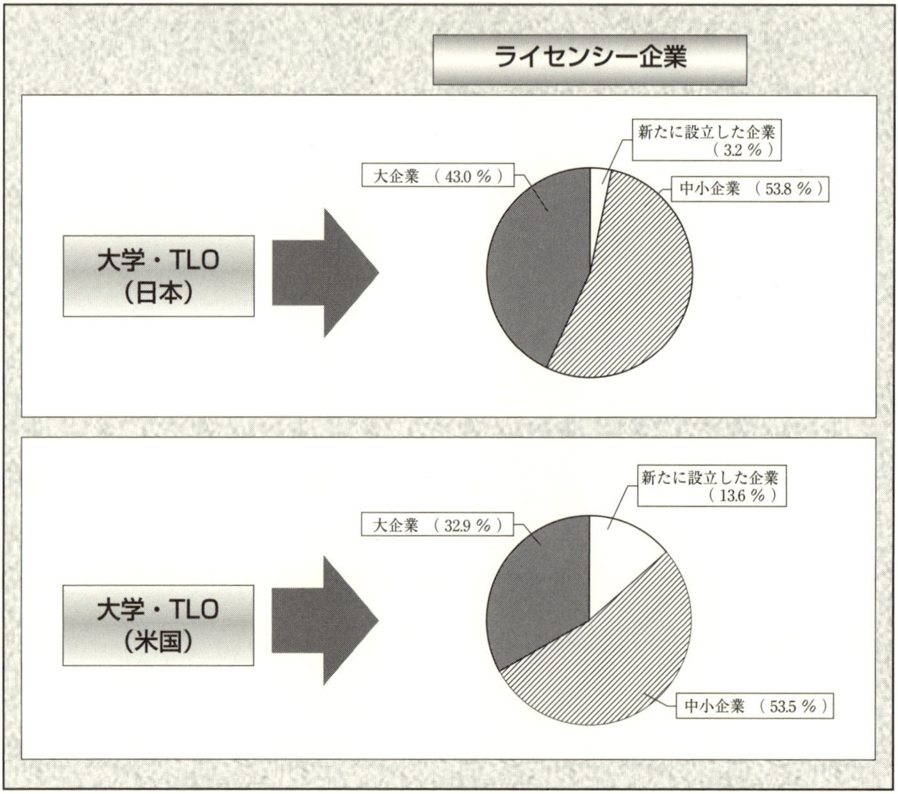

ライセンシー企業

大学・TLO（日本）
- 大企業（43.0％）
- 中小企業（53.8％）
- 新たに設立した企業（3.2％）

大学・TLO（米国）
- 大企業（32.9％）
- 中小企業（53.5％）
- 新たに設立した企業（13.6％）

ライセンス先の企業規模	日本		米国	
① 新たに設立した会社	3.2 %	29件	13.6 %	628件
② 中小企業	53.8 %	488件	53.5 %	2,474件
③ 大企業	43.0 %	390件	32.9 %	1,524件
有効回答機関数	64機関		190機関	

［注］分類不明の件数が147件あります。

米国の場合（AUTM Licensing Survey）と比較すると、日本では、大企業へのライセンスが多く、逆に大学発ベンチャー企業など新たに設立した企業であるケースが少ない結果となっています。

　日本の機関におけるライセンシー企業の傾向を、都市圏と地方とに分けて比較すると図3-63のようになります。

　ライセンシー企業の規模については、都市圏の機関では大企業が、地方の機関では中小企業が相対的に多くなる傾向にあります。また、都市圏の機関は地域ブロック[50]内の企業との間でライセンスが多く行われているのに対し、地方の機関では地域ブロックを越えた企業とのライセンスが多くなっています。

　地方大学は、その地域において地域貢献・中小企業振興が求められつつ、一方で特定の研究成果について技術移転先となる企業を発掘するためには首都圏にサテライト・オフィスを構築する必要があるなど、機関の運営に大きな負担があることがわかります。

---

[50] 北海道ブロック（北海道）、東北ブロック（青森県、岩手県、秋田県、宮城県、山形県、福島県）、関東ブロック（茨城県、栃木県、群馬県、埼玉県、千葉県、東京都、神奈川県、新潟県、山梨県、長野県、静岡県）、中部ブロック（富山県、石川県、岐阜県、愛知県、三重県）、近畿ブロック（福井県、滋賀県、京都府、大阪府、兵庫県、奈良県、和歌山県）、中国ブロック（岡山県、鳥取県、島根県、広島県、山口県）、四国ブロック（徳島県、香川県、愛媛県、高知県）、九州ブロック（福岡県、佐賀県、長崎県、熊本県、大分県、宮崎県、鹿児島県、沖縄県）。

図3-63：都市圏と地方でのライセンシー企業の比較

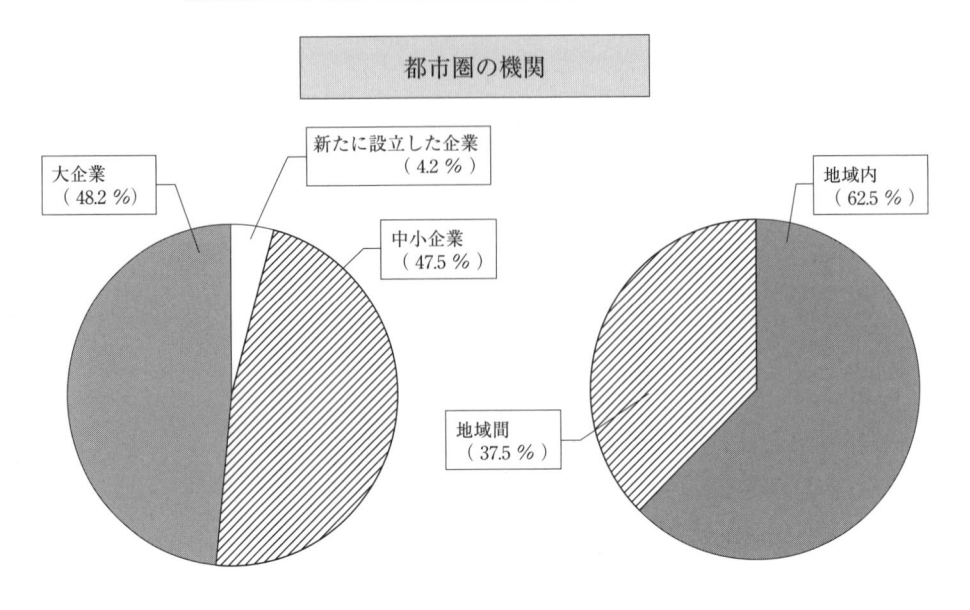

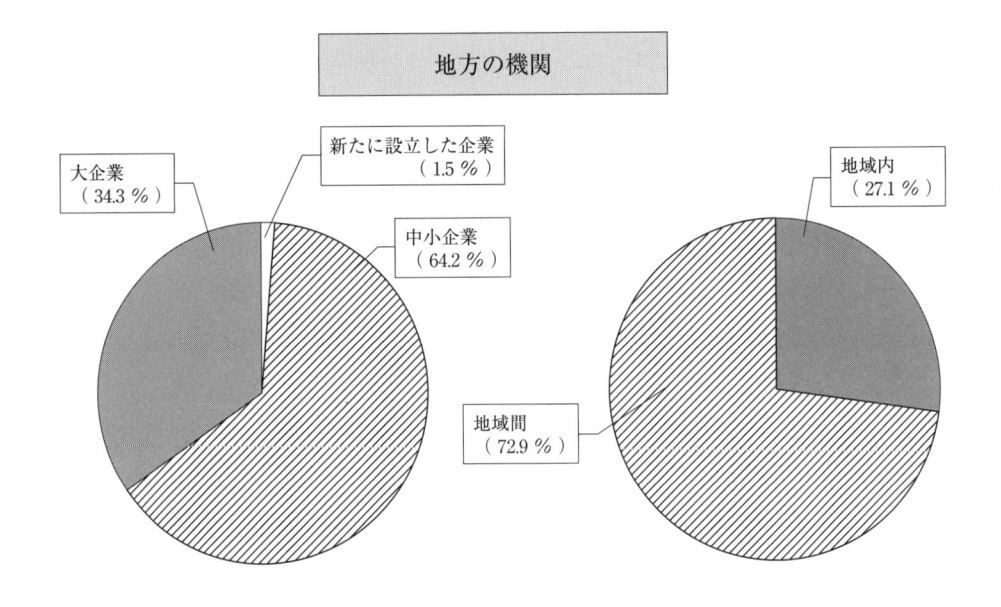

都市圏の機関

- 大企業（48.2％）
- 新たに設立した企業（4.2％）
- 中小企業（47.5％)
- 地域内（62.5％）
- 地域間（37.5％）

地方の機関

- 大企業（34.3％）
- 新たに設立した企業（1.5％）
- 中小企業（64.2％）
- 地域内（27.1％）
- 地域間（72.9％）

3.4.3　独占的ライセンスの傾向　- *Exclusivity*

　2005年度に新たに締結したライセンス契約について、その契約が独占的な実施許諾であったか非独占的であったかを調べました[51]。

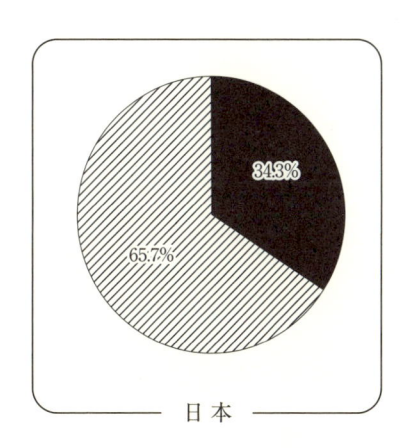

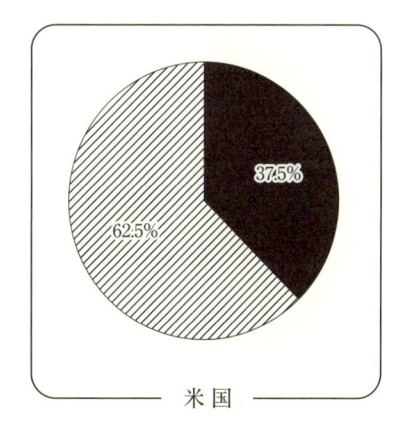

図3-64：独占的ライセンスの傾向（日米比較）

日本：独占的実施権許諾契約 34.3%／非独占的実施権許諾契約 65.7%
米国：独占的実施権許諾契約 37.5%／非独占的実施権許諾契約 62.5%

　特許権の実施許諾を「独占的」なライセンスとする場合が34.3％となり、米国の場合（37.5％）とほぼ同じ割合となっています。

　大学の研究成果は広く社会で活用されることが理想的であり、そのため特許技術が複数の企業で活用できる「非独占的」な実施権許諾が志向されるべきとも考えられます。また、種々の産業分野に応用可能な基礎的な研究成果については、利用分野を限定した上で独占的な実施権許諾とすることもあります。一方、大学の特許技術を導入する企業側では、応用開発などの事業化負担を抱え

---

[51]　独占的実施の判断は契約書の文言によりますが、利用分野を限定した独占実施契約やその他の実質的な独占実施契約も含まれます。

ることになり、事業化後に市場の独占が可能なライセンスを望むことが考えられます。大学の研究成果である発明を事業化・製品化し社会に還元するのは企業であり、技術の特性や、製品・市場、導入する企業の特性によっては、独占的な実施権許諾により事業化を促進する戦略を採っているものと考えられます。

図3-65に、企業の規模別に独占的ライセンスの傾向を示します。

とくに、新たに設立した会社（大学発ベンチャー企業等）への特許ライセンスの場合には、独占的なライセンスが行われる傾向がみられます。

米国では、その傾向がより顕著であり、大企業に対する独占的ライセンスは相対的に低く、企業規模が小さくなるほど独占的なライセンスを行う傾向が高くなり、とくに新たに設置する会社との間では90％が独占的なライセンスとなっています。

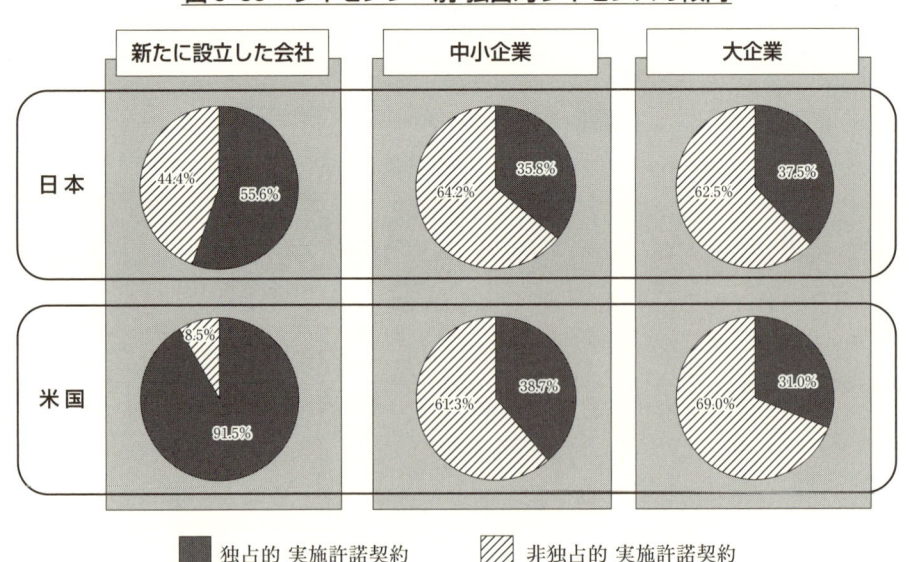

図3-65：ライセンシー別 独占的ライセンスの傾向

	新たに設立した会社	中小企業	大企業
日本	独占的 55.6% / 非独占的 44.4%	独占的 35.8% / 非独占的 64.2%	独占的 37.5% / 非独占的 62.5%
米国	独占的 91.5% / 非独占的 8.5%	独占的 38.7% / 非独占的 61.3%	独占的 31.0% / 非独占的 69.0%

■ 独占的 実施許諾契約　　▨ 非独占的 実施許諾契約

3.4.4　ライセンス収入　*- License Income*

2005年度に、各大学（大学知的財産本部）及び各TLOが、(A)ライセンシーの企業等から受領したライセンス収入の合計金額[52]、(B)そのうち他機関に支払われた金額の合計[53]及び、正味のライセンス収入合計(A－B)について、全機関（有効回答機関数：65機関）の総額は、それぞれ図3-66のようになります。ライセンス収入には、①ランニング・ロイヤリティ収入、②株式関連での収入、③その他のライセンス収入（譲渡収入、契約一時金等）が含まれています。

図3-66：ライセンス収入

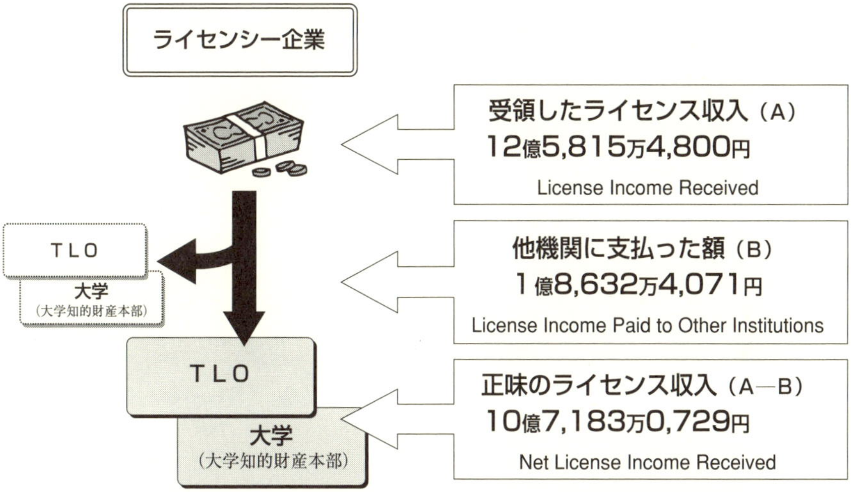

ライセンシー企業
受領したライセンス収入（A）
12億5,815万4,800円
License Income Received
TLO
大学
（大学知的財産本部）
他機関に支払った額（B）
1億8,632万4,071円
License Income Paid to Other Institutions
TLO
大学
（大学知的財産本部）
正味のライセンス収入（A―B）
10億7,183万0,729円
Net License Income Received

52　組織内の配分、連携する大学やTLO等への配分、及び発明者への補償などを控除する前のライセンス収入。

53　ライセンシー企業等から一旦受領したのちに、他の大学や大学知的財産本部、TLO等の産学連携・技術移転機関に支払われた金額。1件のライセンス収入が複数機関で重複して算入されるのを防いでいます。

承認TLOに関する調査結果（経済産業省調査）では、前年度の2004年度には、ライセンス収入が突出した機関があって承認TLO全体のライセンス収入として29億円という金額が報告されています。この2004年度に比較すると2005年度は減少していますが、2003年以前との比較では順調に増加する傾向を示しています。

　図3-67に、各機関のライセンス収入合計の分布を示します。
　2005年度に最もライセンス収入が多かった機関は、名古屋大学の大学知的財産本部（産学官連携推進室　知的財産部）で、そのライセンス収入の合計額は1億9,935万円、続いて、東京大学の大学知的財産本部（産学連携本部）が合計額1億6,156万円となっています。
　一方、ライセンス収入合計を0とした機関が6機関ありましたが、うち5機関は2003年以降に設立された比較的新しい機関であり、順次ライセンス案件が生じてくるものと予想されます。

図3-67：ライセンス収入の分布

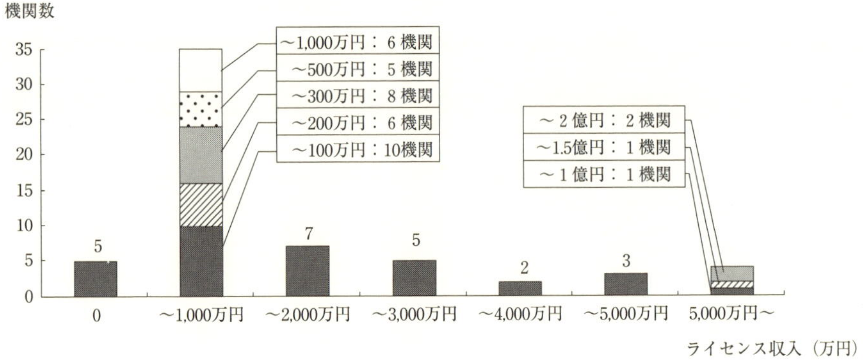

（縦軸：機関数、横軸：ライセンス収入（万円））

ライセンス収入	機関数
0	5
～1,000万円	(合計)
～2,000万円	7
～3,000万円	5
～4,000万円	2
～5,000万円	3
5,000万円～	(合計)

～1,000万円の内訳：
- ～100万円：10機関
- ～200万円：6機関
- ～300万円：8機関
- ～500万円：5機関
- ～1,000万円：6機関

5,000万円～の内訳：
- ～1億円：1機関
- ～1.5億円：1機関
- ～2億円：2機関

米国（2004年度）では、全機関（回答機関数：196機関）についてライセンス収入の総額は、表3-23ような金額となっています（AUTM Lisencing Survey 2004より）。

日本の機関のライセンス収入総額と比べ、約150倍の金額となっています（なお、回答機関数に3倍の開きがあります）。

表3-23：米国TLOのライセンス収入（2004年度）

受領したライセンス収入	14.74 億米ドル	約1,769 億円
他機関に支払った額	0.89 億米ドル	約 107 億円
正味のライセンス収入	13.85 億米ドル	約1,662 億円

米国におけるライセンス収入（正味）の推移をみると図3-68のようになっています。14年前の1991年度において、米国のTLOでは2.18億米ドル（約262億円：回答機関数：111機関）のライセンス収入があったとされています。

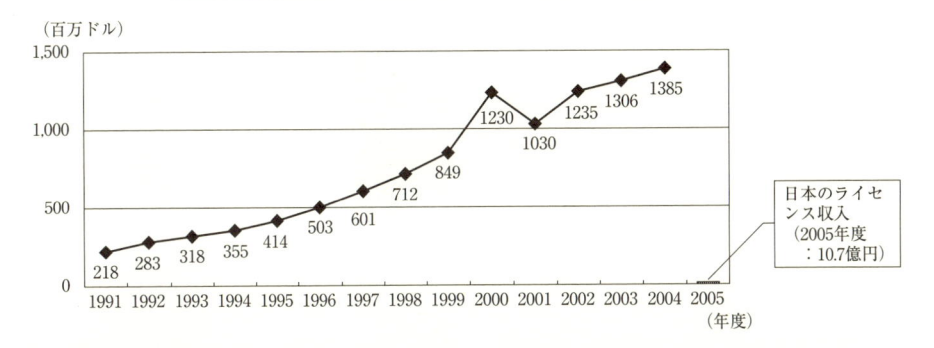

図3-68：米国におけるライセンス収入（正味）の推移

（百万ドル）

年度	金額
1991	218
1992	283
1993	318
1994	355
1995	414
1996	503
1997	601
1998	712
1999	849
2000	1230
2001	1030
2002	1235
2003	1306
2004	1385

日本のライセンス収入（2005年度：10.7億円）

日本では、1件のライセンス契約から1億円以上のライセンス収入を生じたライセンス契約が2005年度に1件ありました[54]。これに対し米国では、100万米ドル以上のライセンス収入を生じたライセンス契約は2万7,322件中、167件あったと報告されています（2004年度。AUTM Lisencing Survey 2004より）。

---

[54] 同5,000万～1億円のライセンス収入の場合についての設問について回答は0件でした。

《ライセンス収入の内訳》

　各機関のライセンス収入の内訳をみると、図3-69のようになっています。

　米国[55]と比較すると、ランニング・ロイヤリティ収入が圧倒的に少なく「その他」が多くなっています。「その他」には、主に譲渡収入、契約一時金などが含まれており、日本の場合には、ライセンス契約による技術移転から年数が経っていないことから、ライセンシー企業での製品開発が途上であって販売額に比例したランニング・ロイヤリティが得られる段階になく、譲渡収入、契約一時金などの契約時に得られる収入が先行して収入の大半を占めるに至っていると考えられます。

図3-69：ライセンス収入の内訳

① ランニング・ロイヤリティ収入	4億6,257万653円
② 株式関連での収入	1,735万円
③ その他のライセンス収入	7億7,823万4,147円

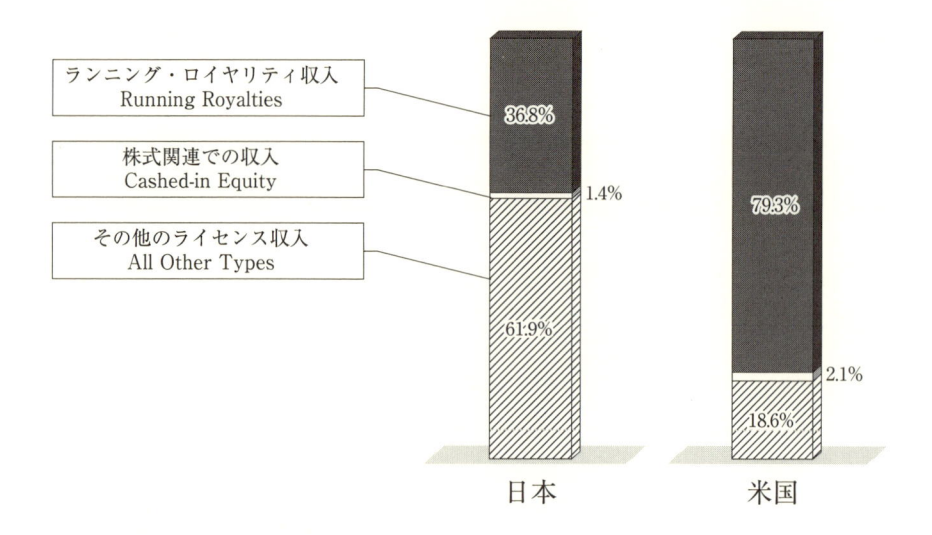

日本：ランニング・ロイヤリティ収入 36.8%、株式関連での収入 1.4%、その他のライセンス収入 61.9%

米国：ランニング・ロイヤリティ収入 79.3%、株式関連での収入 2.1%、その他のライセンス収入 18.6%

---

[55] AUTM Licensing Survey 2004のデータ。

2005年度にランニング・ロイヤリティ収入を生じたライセンス契約は、日本の全ての機関の合計で480件の契約となっています。継続中のライセンス契約が2,731件であることから、17.6％の割合でランニング・ロイヤリティ収入を生じていることになります。1件あたりの金額は94.4万円となります。

　米国では、2万7,322件の継続中のライセンス契約のうち、6,116件の契約（22.4％）が収入を生じ、合計約1,346億円のランニング・ロイヤリティ収入となっています。1件あたりの金額は約2,200万円となります。

第4章
大学発ベンチャーの活動

Company Startup Activity

4.1 ベンチャー起業の実績

Startup Information

(1) 大学発ベンチャーの起業

　国内経済は回復基調にあるものの、わが国の産業界は、海外における一層の競争力が求められており、技術革新（イノベーション）による新産業の創出により国際的なリーダシップをとり、国際社会での貢献を果たしていくことが重要となっています。

　大学の「知」を活かし、その事業化に挑む"大学発ベンチャー"は、イノベーション推進の中核として位置づけられます。経済産業省は、2001年に「大学発ベンチャー1,000社計画」を発表し、2004年度末までに大学発ベンチャーの設立を1,000社達成するという目標のもとさまざまな施策を展開した結果、2004年度末には目標を超える1,112社が設立され、2005年度末には1,503社に至っています（経済産業省発表）。

　2005年度における、大学発ベンチャーの事業別分野については、バイオ技術、IT技術（ハード、ソフト）が全体の約85％を占めることが報告されています（経済産業省調査[1]）。

---

[1] 経済産業省委託調査　委託先㈱価値総合研究所平成18年3月

第4章　大学発ベンチャーの活動

図4-1：大学発ベンチャーの起業数の推移

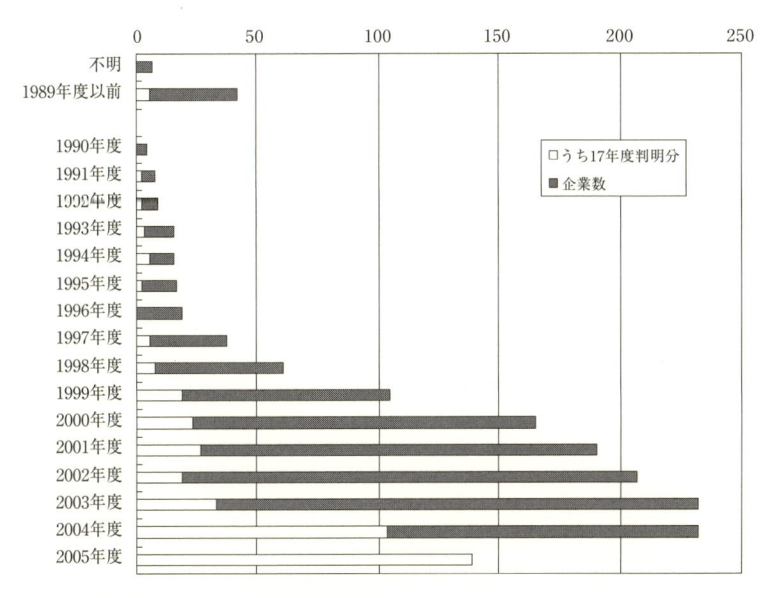

大学発ベンチャーの年度別設立数の推移

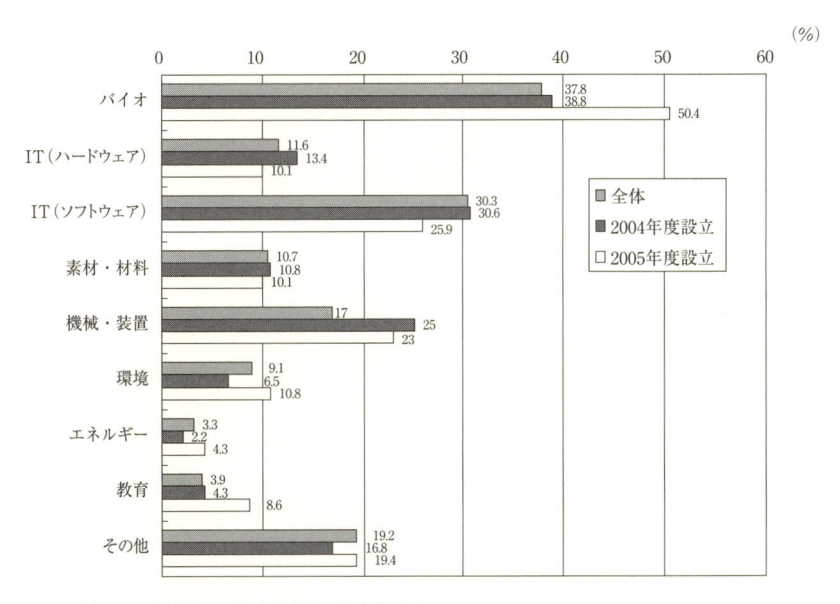

年度	企業数	うち17年度判明分

凡例：うち17年度判明分／企業数

- 不明
- 1989年度以前
- 1990年度
- 1991年度
- 1992年度
- 1993年度
- 1994年度
- 1995年度
- 1996年度
- 1997年度
- 1998年度
- 1999年度
- 2000年度
- 2001年度
- 2002年度
- 2003年度
- 2004年度
- 2005年度

最近設立された大学発ベンチャーの事業分野

凡例：全体／2004年度設立／2005年度設立

分野	全体	2004年度設立	2005年度設立
バイオ	37.8	38.8	50.4
IT（ハードウェア）	11.6	13.4	10.1
IT（ソフトウェア）	30.3	30.6	25.9
素材・材料	10.7	10.8	10.1
機械・装置	17	25	23
環境	9.1	6.5	10.8
エネルギー	3.3	2.2	4.3
教育	3.9	4.3	8.6
その他	19.2	16.8	19.4

133

「大学発ベンチャー」には次のような類型があるとされています。

1	大学等または大学等の教員が所有する特許をもとに起業	特許による技術移転型
2	大学等で達成された研究成果または習得した技術等にもとづいて起業	特許以外による技術移転型（研究成果活用型）
3	大学等の教員や技術系職員、学生等がベンチャーの設立者となったり、その設立に深く関与したりした起業。ただし、教員等の退職や学生の卒業等からベンチャー設立まで他の職に就かなかった場合または退職や卒業等から起業までの期間が1年以内の事例に限る	人材移転型
4	大学等やTLOがベンチャーの設立に際して出資または出資の斡旋をした場合	出資型

（文部科学省調査報告書より）

　本サーベイは、TLO等の活動に関する調査を目的としており、「TLO等の機関がライセンスした技術を基にして起業したベンチャー」を対象として、その起業数などを調査しています（米国AUTMによる調査と同じ定義）。

《大学発ベンチャーの課題》

　一方、企業として設立に至った後において、大学発ベンチャーは資金調達、人材の確保、販路開拓等の問題に直面していることが調査で明らかになっています（2003年度経済産業省調査）。大学等の研究者がベンチャー起業するケースでは、技術革新の核となる技術シーズが優れていても、経営的な側面での能力不足が事業化・産業化に向けての阻害要因となっていることになります。

図4-2：大学発ベンチャーの課題

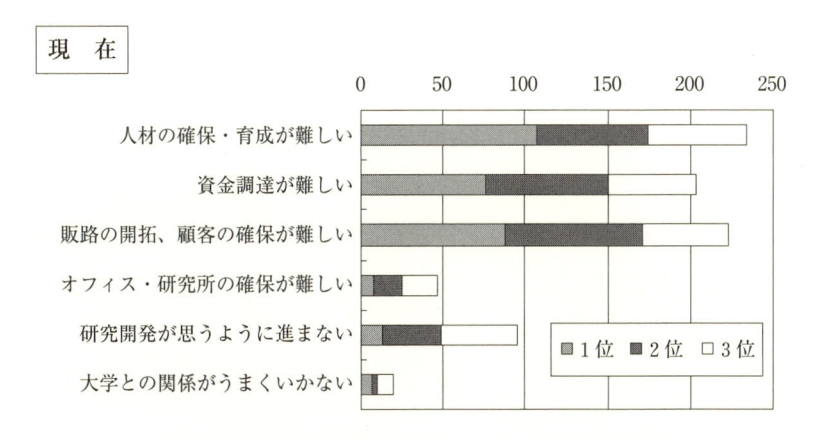

設立時

項目	1位	2位	3位
人材の確保・育成が難しい			
資金調達が難しい			
販路の開拓、顧客の確保が難しい			
オフィス・研究所の確保が難しい			
研究開発が思うように進まない			
大学との関係がうまくいかない			

現在

項目	1位	2位	3位
人材の確保・育成が難しい			
資金調達が難しい			
販路の開拓、顧客の確保が難しい			
オフィス・研究所の確保が難しい			
研究開発が思うように進まない			
大学との関係がうまくいかない			

経済産業省委託調査　委託先㈱価値総合研究所平成18年3月

《大学やTLOのライセンスで起業した大学発ベンチャー》

図4-3：大学やTLOのライセンスで起業した大学発ベンチャー数

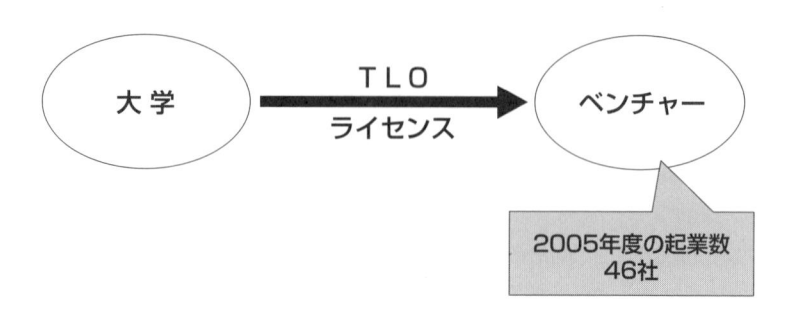

大学 —[TLO ライセンス]→ ベンチャー

2005年度の起業数 46社

　本サーベイは、TLOと大学知的財産本部の活動に関する調査を目的としており、大学発ベンチャーのうち「大学からTLOや大学知的財産本部を通じてライセンスされた技術を基にした大学発ベンチャー」に関しての調査を行った結果、こうした"大学やTLOのライセンスで起業した大学発ベンチャー"として、2005年度中に新たに起業した大学発ベンチャーは46社ありました。

　2005年度にベンチャーの起業があったと回答したTLO等機関（Type 2の大学知的財産本部を除く）は、有効回答数32機関のうち9機関であり約1/3の割合です（図4-4）。米国AUTM（2004年度）の調査結果では約2/3のTLO等機関がベンチャーの起業があったとしていますので、わが国TLOにおける大学発ベンチャーの起業は相対的に少ないことが分かります。

図4-4：ベンチャーの起業があったTLO等の割合（日米比較）

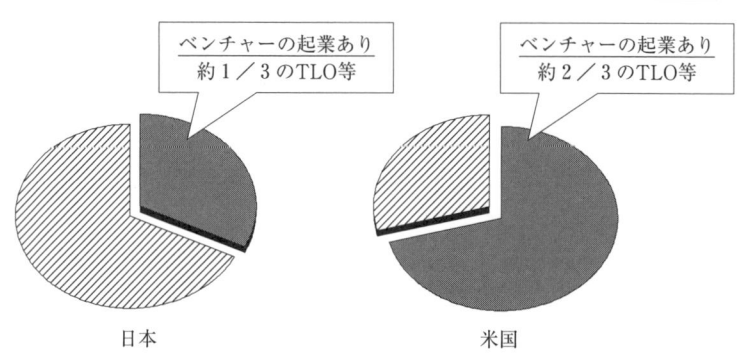

日本：ベンチャーの起業あり 約1／3のTLO等
米国：ベンチャーの起業あり 約2／3のTLO等

第4章　大学発ベンチャーの活動

　大学発ベンチャーの起業に重要となるポイントは、5つあるとされています。
　①起業するにふさわしい発明、②資金調達、③経営者（人材）、④販売先、そして、⑤大学発ベンチャー支援機関の連携（ネットワーク）の5つです。これらの視点から、日米それぞれにおける大学発ベンチャーを取り巻く環境をみるとさまざまな点で違いがあり、それが大学発ベンチャーの起業数を左右していると考えられます。

　大学発ベンチャー支援機関の連携（ネットワーク）についてみても、米国では1980年にバイ・ドール法が成立したころにはすでに存在していたのですが、わが国では1998年に大学等技術移転促進法（TLO法）が施行されたときには、大学発ベンチャーを支えるネットワークはほとんどなかった、TLOが連携しようとしても連携先がほとんどなかったのです。

　米国において、大学発ベンチャーを支える連携ネットワークの中核はTLOです。各大学のTLOにより手法は異なりますが、TLOがシードマネー（新事業にあたっての元金）を提供した後にも、その連携ネットワークを活用して、ベンチャーキャピタルを紹介し、インキュベータやサイエンスパークの世話をします。実態をみても、米国の大学発ベンチャーは、シリコンバレーやケンブリッジ（MIT、ハーバード）などのように大学の近くで設立されています。ベンチャーにとっても、このように地域で集積したほうが、ベンチャー同士で相互に連携でき、知識の共有化を図ることができるので、事業化・商品化が円滑に行えるようになるのです。

　また、地方自治体が連携のコアとして活動し、地域振興のため大学発ベンチャーの起業を支援・推進するという手法を採っている事例も米国に限らずみられます（テキサス・オースチン、サンデイエゴ、グラスゴー、ミュンヘンなど）。

　これに対し、現在の日本の大学TLOで、ベンチャー起業の最初から最後までを支える連携ネットワークの中核（コア）として活動している（活動できる）機関は非常に少ないのが実態です。そうしたなか東北大学では目下、大学発ベンチャーの起業を支えるサイエンスパークを構築中であり、シリコンバレーのような大学城下町が仙台にできることが期待されます。

2005年度における各機関（Type 1～3）のベンチャー企業数を、米国AUTM（2004年度）との比較で示すと図4-5のようになります。

　米国では、全機関の合計で462社の大学発ベンチャーが2004年に設立されています（回答機関数：191機関）。

　わが国の機関では、1社と回答したのが6機関、2社が5機関、3社が4機関、4社が2機関、5社と回答したのは慶應義塾大学と他1機関です。

図4-5：大学やTLOのライセンスで新たに起業したベンチャー数
（日本：2005年度　米国：2004年度）

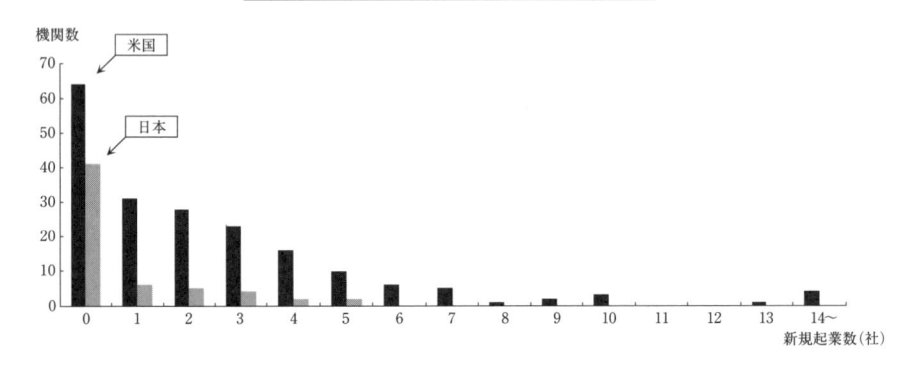

　新たに大学発ベンチャーを起業するにあたっての資金源については、「友人や家族」というケースが多いようです。

　米国AUTM Licensing survey 2004によると、米国でも「友人や家族」からの資金が多いようですが、それに加えて、ベンチャーキャピタルから資金を得るケース、独立系エンジェル、エンジェルネットワーク等から資金を得ているケースも同程度にみられます。日本では、これらベンチャーキャピタル等から資金を得ているケースが比較的少ないようです。日本でもベンチャーキャピタル等には現状において資金的な余裕があるところが多いとされていますが、発明者である大学教員が、投資よりも公的機関や銀行からの融資を好むことが、一つの原因として挙げられます。また、ベンチャーキャピタル等にとっては投資できる案件が少ないこと、さらに日本のベンチャーキャピタル等はリスクを回避するため一般に起業時よりも事業化が進んだレイトステージで投資するこ

とが多いので、特定のベンチャーに投資が集中することも原因と考えられます。

　最近では、わが国のTLOも、ベンチャーキャピタル等の資金源との連携を進めつつあることから、将来的にはバランスの取れた投資が行われるものと期待が持てます。

図4-6：ベンチャー起業にあたっての資金源

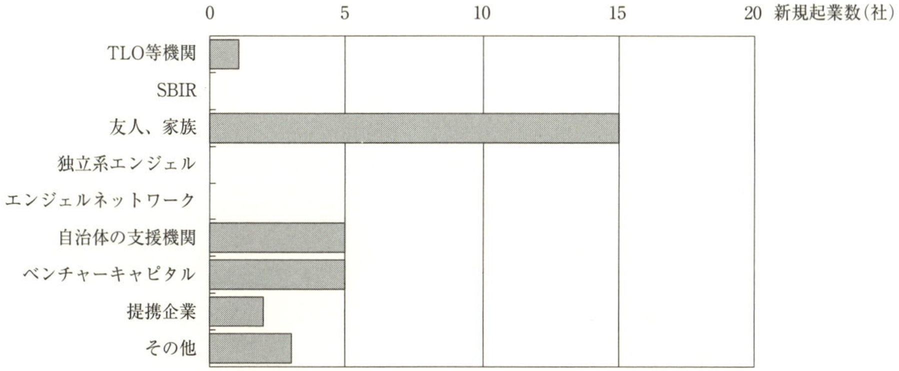

資金源	新規起業数（社）
TLO等機関	1
SBIR	0
友人、家族	15
独立系エンジェル	0
エンジェルネットワーク	0
自治体の支援機関	5
ベンチャーキャピタル	5
提携企業	2
その他	3

(2) 大学発ベンチャーの設立後の状況

　経済産業省の調査によると、2005年度末までにわが国で設立された1,503社の大学発ベンチャーのうち、8社は他社と合併、32社は倒産・清算等で活動を停止していることが分かっています。一方、新規株式公開（IPO）を果たした大学発ベンチャー企業は、2005年度末で16社に上っています（経済産業省発表）。

《TLO等のライセンスで起業した大学発ベンチャー》
　大学やTLOのライセンスで起業した大学発ベンチャーについて、2004年度以前に設立されたものも含め2005年度末に活動を継続している企業数を調査しました。その結果、2005年度末に活動しているこれら大学発ベンチャーの合計数は168社でした（有効回答機関数52機関）。一方、活動を停止しているベンチャー企業は、全機関の回答の合計で4社に留まりました（2005年度末の活動が「不明」とされた企業が全機関の合計で2社ありました）。

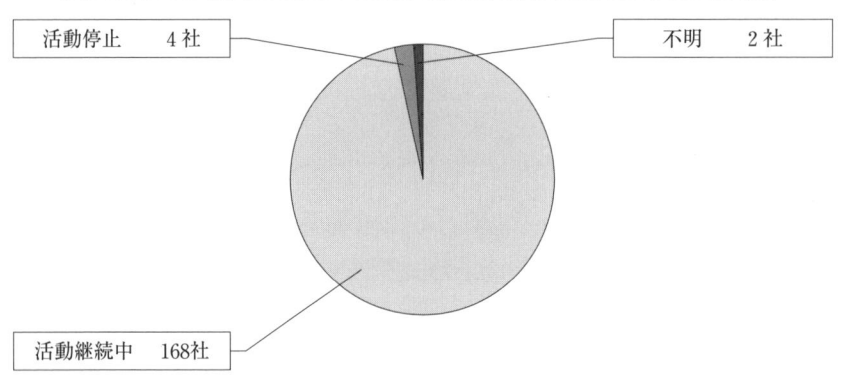

図4-7：TLO等のライセンスで起業した大学発ベンチャーの現状

- 活動停止　4社
- 不明　2社
- 活動継続中　168社

　機関ごとに、何社程度の大学発ベンチャーが活動を継続しているのかをみると、図4-8のようになります。最も多かったのが、慶應義塾大学知的資産センターほか1機関で、14社が活動継続中としています。続いて、名古屋大学産学官連携推進室知的財産部が12社でした。

第4章　大学発ベンチャーの活動

図4-8：TLO等のライセンスで起業し活動継続中のベンチャー数

全168社
（2005年度末活動継続中）

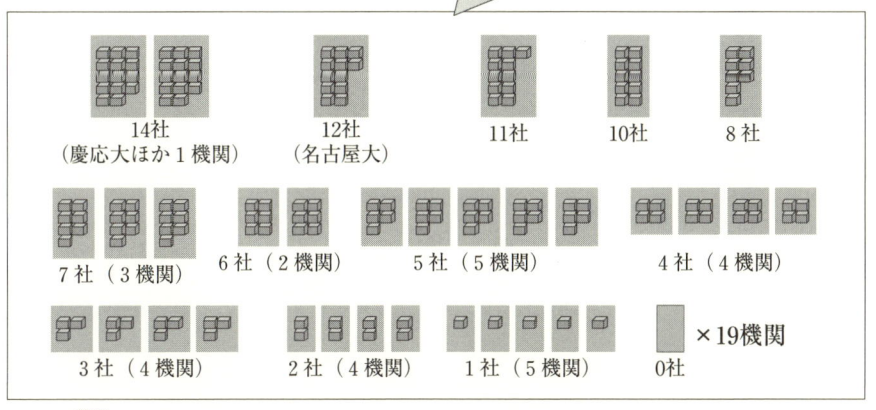

14社（慶応大ほか1機関）　12社（名古屋大）　11社　10社　8社

7社（3機関）　6社（2機関）　5社（5機関）　4社（4機関）

3社（4機関）　2社（4機関）　1社（5機関）　0社　×19機関

■ ＴＬＯ等機関の数　　■ 活動を継続しているベンチャーの数

　大学知的財産本部（Type 2）を除くTLO等機関（Type 1、Type 3）では、その約7割に活動継続中の大学発ベンチャーがあるという結果となっています。一方、活動継続中の大学発ベンチャーを「0」と回答したTLO等8機関のうち6機関は、TLOの事業開始から5年以下（2001年度以降に事業開始）の後発グループのTLOです。

　米国のTLOについてみると、約90％のTLOに活動継続中のベンチャー企業があると報告されています。

　図4-9には、日米の比較として、活動継続中の大学発ベンチャー企業の社数別の機関数の分布を示します（日本については、大学知的財産本部Type 2の回答も含む）。

図4-9：大学やTLOのライセンスで起業し活動継続中のベンチャー数
（日本：2005年度、米国：2004年度）

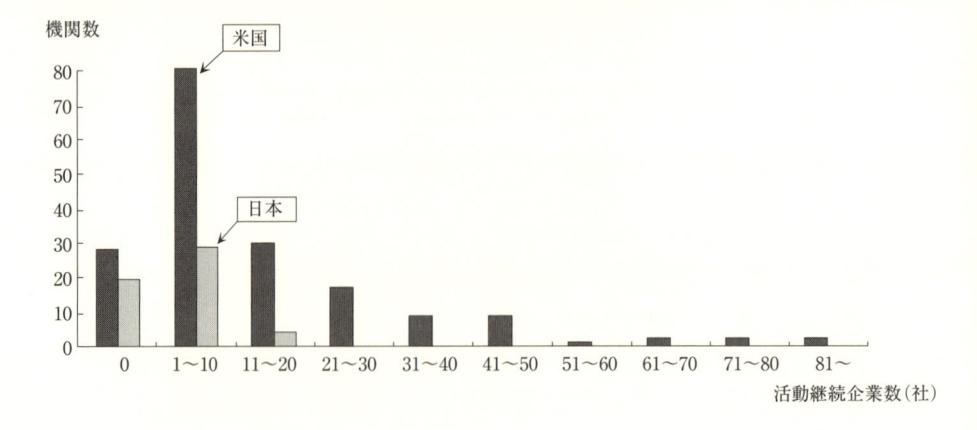

4.2 TLO等による株式保有
Institutional Equity Holdings

　米国AUTMのLicensing Survey 2004 では、「大学発ベンチャーが起業した当初の数年間に正のキャッシュ・フローを持つことは稀であり、また、資金提供者は初期資金の多くがライセンス手数料に支払われることを嫌う。そのため、大学発ベンチャーからライセンサー（大学）に前金として報酬を提供する唯一の手段として、株式（equity）が用いられることが多い」として、178のTLO等機関が、株式により支払いが行われたライセンス契約があったとし、そのライセンス契約の総計は240件に上ると報告しています。

　一方、わが国では、このような株式等の取得によるライセンスは、現在までのところ活発ではありません。今回の調査でも、慶應義塾大学知的財産センターなどで数例が報告されたに留まります。米国の大学は、ファンドマネージャー、又は資産運用会社に委託しながら、余裕金に限らずその他の資産も含めて大学資産の有効活用を図っています。そして取得した大学発ベンチャーの株式も一般にはこれらとは別勘定で管理されています。

　これに対し日本では、国立大学等における当座支払いの予定のない現金などの余裕金の運用は、国債や定期預金などの元本保証のある金融商品に限られています。ただし、近年、大学等の使命として、教育、研究に加えて第三の柱として社会貢献が加えられたことに伴って、ライセンスの対価として現金により支払うことが困難な大学発ベンチャー企業等を対象として、例外的にライセンスの対価として株式を取得することが認められました。

　わが国の大学において、大学発ベンチャーの株式というハイリスクの資産も含めてポートフォリオを構築して資金を運用していくことはつい最近まで認められていなかったので、国立大学に限らず私立大学を含め多くの大学の財務担当は、極めて保守的でしかも、このような株式の管理・運用やそのノウハウを持ち合わせていません。これが多くの大学の事業計画にベンチャー支援ということが謳われながら、株式取得によるライセンスが少ない理由です。

第5章

参考データ

Appendix

承認・認定TLO（技術移転機関）一覧

◆ 承認TLO（42機関）

TLO名（ホームページのアドレス）	関連大学等	承認日
(株)東京大学TLO＜CASTI＞　（http://www.casti.co.jp/）	東京大学	12月4日 平成10年
関西ティー・エル・オー(株)　（http://www.kansai-tlo.co.jp/）	関西地域 （京都大・立命館等）	
(株)東北テクノアーチ　（http://www.t-technoarch.co.jp/）	東北大学等	
学校法人 日本大学＜産官学連携知財センター＞ （http://www.nubic.jp/）	日本大学	
(株)筑波リエゾン研究所　（http://www.tliaison.com/）	筑波大学	平成11年 4月16日
学校法人 早稲田大学＜産学官研究推進センター＞ （http://tlo.wul.waseda.ac.jp/）	早稲田大学	
(財)理工学振興会＜東工大TLO＞ （http://www.titech-tlo.or.jp/index.html）	東京工業大学	平成11年 8月26日
学校法人 慶應義塾大学＜知的資産センター＞ （http://www.ipc.keio.ac.jp/）	慶應義塾大学	
(有)山口ティー・エル・オー （http://www.crc.yamaguchi-u.ac.jp/tlo/）	山口大学	平成11年 12月9日
北海道ティー・エル・オー(株)　（http://www.h-tlo.co.jp）	北海道大学等	平成11年 12月24日
(財)新産業創造研究機構＜TLOひょうご＞ （http://www.niro.or.jp/）	兵庫県下の大学等 （神戸大・関西学院大等）	平成12年 4月19日
(財)名古屋産業科学研究所＜中部TLO＞　（http://www.ctlo.org）	中部地域の大学 （名古屋大学、岐阜大学等）	
(株)産学連携機構九州＜九大TLO＞　（http://www.k-uip.co.jp/）	九州大学	
学校法人 東京電機大学＜産官学交流センター＞ （http://www.dendai.com/）	東京電機大学	平成12年 6月14日
(株)山梨ティー・エル・オー （http://www.yamanashi-tlo.co.jp/index.jsp）	山梨大学等	平成12年 9月21日
タマティーエルオー(株)　（http://www.tama-tlo.com/）	工学院大学、東洋大学、 東京都立大学等	平成12年 12月4日
学校法人 明治大学＜知的資産センター＞ （http://www.meiji.ac.jp/tlo/index.html）	明治大学	平成13年 4月25日
よこはまティーエルオー(株)　（http://www.yokohamatlo.co.jp）	横浜国立大学、 横浜市立大学等	
(株)テクノネットワーク四国＜四国TLO＞ （http://www.s-tlo.co.jp/）	四国地域の大学（徳島大・ 香川大・愛媛大・高知大等）	
(財)生産技術研究奨励会 （http://www.iis.u-tokyo.ac.jp/shourei/fpis-tlo/）	東京大学生産技術研究所	平成13年 8月30日
(財)大阪産業振興機構＜大阪TLO＞ （http://www.mydome.jp/osakatlo/）	大阪大学等	
(財)くまもとテクノ産業財団＜熊本TLO＞ （http://www.kmt-ti.or.jp/）	熊本大学等	
農工大ティー・エル・オー(株)　（http://www.tuat-tlo.com/）	東京農工大	平成13年 12月10日
(株)新潟ティーエルオー　（http://www.niigata-tlo.com）	新潟大学等	平成13年 12月25日
(財)浜松科学技術研究振興会　（http://www.stlo.or.jp）	静岡大学等	平成14年 1月17日

第5章　参考データ

TLO名	URL	関連機関等	認定日
(財)北九州産業学術推進機構	(http://www.ksrp.or.jp/tlo)	北九州地域 （九州工業大学等）	平成14年 4月1日
(株)三重ティーエルオー	(http://www.mie-tlo.co.jp)	三重大学等	平成14年 4月16日
(有)金沢大学ティ・エル・オー	(http://kutlo.incu.kanazawa-u.ac.jp)	金沢大学、 国立石川工業高等専門学校	平成14年 12月26日
(株)キャンパスクリエイト	(http://www.campuscreate.com)	電気通信大学	平成15年 2月19日
学校法人日本医科大学＜知的財産・ベンチャー育成センター＞	(http://www.nms-tlo.jp)	日本医科大学、 日本獣医生命科学大学	
(株)鹿児島TLO	(http://www.ktlo.co.jp/)	鹿児島大学等	
(株)信州TLO	(http://www.shinshu-tlo.co.jp)	信州大学、 長野工業高等専門学校	平成15年 4月18日
(株)みやざきTLO	(http://www.miyazaki-tlo.jp)	宮崎大学等	平成15年 5月16日
(有)大分TLO	(http://tlo.radc.oita-u.ac.jp)	大分大学等	平成15年 8月26日
学校法人 東京理科大学＜科学技術交流センター＞	(http://www.tlo.tus.ac.jp)	東京理科大学等	平成15年 9月30日
(財)ひろしま産業振興機構＜広島TLO＞	(http://www.hiwave.or.jp/tlo/)	広島県下の大学等 （広島大学等）	平成15年 10月9日
(財)岡山産業振興財団＜岡山TLO＞	(http://www.optic.or.jp)	岡山県下の大学等 （岡山大学等）	平成16年 4月28日
(株)長崎TLO	(http://www.nagasakitlo.jp/)	長崎県下の大学等 （長崎大学等）	平成16年 10月15日
(株)オムニ研究所	(http://www.omni-ins.co.jp/)	長岡技術科学大学・ 兵庫県立大学等	平成17年 2月24日
国立大学法人佐賀大学TLO＜佐大TLO＞	(http://www.saga-u.ac.jp/)	佐賀大学	平成17年 7月7日
(株)豊橋キャンパスイノベーション＜とよはしTLO＞	(http://www.kktci.co.jp/)	豊橋技術科学大学	平成17年 9月5日
国立大学法人千葉大学産学連携・知的財産機構	(http://www.ccr.chiba-u.jp)	千葉大学	平成18年 7月7日
国立大学法人東京工業大学産学連携推進本部	(http://www.sangaku.titech.ac.jp/index.html)	東京工業大学	平成19年 4月2日
国立大学法人富山大学知的財産本部	(http://www3.u-toyama.ac.jp/chizai/index.html)	富山大学	平成19年 6月12日

◆ 認定TLO（4機関）

TLO名（ホームページのアドレス）	関連機関等	認定日	所管省庁
(財)日本産業技術振興協会 　産総研イノベーションズ 　(http://unit.aist.go.jp/intelprop/tlo/index.htm)	(独)産業技術総合研究所	平成13年 4月13日	経済産業省
(財)ヒューマンサイエンス振興財団 　(http://www.jhsf.or.jp/)	厚生労働省所管の研究機関等	平成15年 5月1日	厚生労働省
(社)農林水産技術情報協会 　(http://www.afftis.or.jp/)	農林水産省所管の研究機関等	平成15年 6月1日	農林水産省
(財)テレコム先端技術研究支援センター 　(http://www.scat.or.jp/)	(独)情報通信研究機構	平成16年 4月1日	総務省

出典：特許庁ホームページ（URL: http://www.jpo.go.jp/kanren/tlo.htm）

大学知的財産本部整備事業

○大学知的財産本部体制整備の支援
【目的】
　「知」の源泉である大学等における知的財産の戦略的かつ組織的な 創出・管理・活用を進めるため、全学的な知的財産の管理・活用を図る「大学知的財産本部」を整備し、知的財産の活用による社会貢献を目指す大学づくりを推進する。（原則5年間継続、2年経過後中間評価）

【事業のポイント】
・大学の自由な発想に基づく新しいマネジメント体制
・民間企業経験者等の外部人材の積極的活用
・TLO等外部組織との連携強化

【実施機関】
・「大学知的財産本部整備事業」実施機関：34件
・「特色ある知的財産管理・活用機能支援プログラム」対象機関：9件

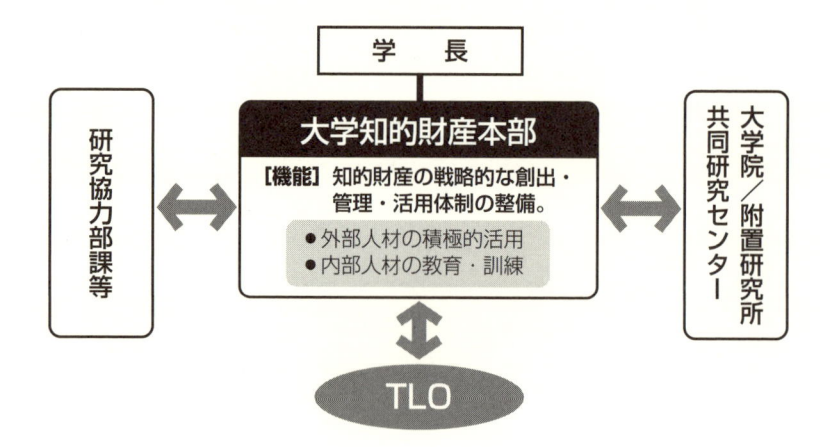

```
                    ┌─────────┐
                    │ 学　　長 │
                    └────┬────┘
                         │
   ┌──────┐      ┌──────▼──────┐      ┌──────┐
   │研究協 │      │大学知的財産本部│      │大学院／│
   │力部課 │◄────►│【機能】知的財産│◄────►│附置研究│
   │等     │      │の戦略的な創出・│      │所共同研│
   │       │      │管理・活用体制の│      │究センタ│
   │       │      │整備。         │      │ー      │
   │       │      │●外部人材の積極│      │        │
   │       │      │  的活用       │      │        │
   │       │      │●内部人材の教育│      │        │
   │       │      │  ・訓練       │      │        │
   └──────┘      └──────┬──────┘      └──────┘
                         │
                         ▼
                      ( TLO )
```

大学知的財産本部整備事業　採択一覧

(国公立大学：26件)
- 北海道大学
- 岩手大学
- 東北大学
- 筑波大学
- 群馬大学、埼玉大学
- 東京大学
- 東京医科歯科大学
- 東京農工大学
- 東京工業大学
- 東京海洋大学
- 電気通信大学
- 横浜国立大学
- 山梨大学
- 静岡大学
- 名古屋大学
- 京都大学
- 大阪大学
- 神戸大学
- 広島大学
- 山口大学
- 徳島大学
- 九州大学、九州芸術工科大学
- 熊本大学
- 北陸先端科学技術大学院大学
- 奈良先端科学技術大学院大学
- 大阪府立大学、大阪女子大学、大阪府立看護大学

(私立大学：7件)
- 東京理科大学、山口東京理科大学、諏訪東京理科大学
- 慶應義塾大学
- 東海大学、北海道東海大学、九州東海大学
- 日本大学
- 明治大学
- 早稲田大学
- 立命館大学

(大学共同利用機関：1件)
- 大学共同利用機関法人情報システム研究機構（国立情報学研究所ほか）

(「特色ある知的財産管理・活用機能支援プログラム」対象機関：9件)
- 金沢大学
- 新潟大学、長岡技術科学大学、上越教育大学、新潟国際情報大学、新潟医療福祉大学
- 信州大学
- 岐阜大学
- 名古屋工業大学
- 豊橋技術科学大学
- 岡山大学
- 九州工業大学
- 東京都立大学、東京都立科学技術大学、東京都立保健科学大学、東京都立短期大学

■承認TLOとは

　大学等技術移転促進法（TLO法）※に基づき、文部科学大臣と経済産業大臣により特定大学技術移転事業（TLO事業）の実施計画の承認を受けたTLOのことです。

　　※大学等における技術に関する研究成果の民間事業者への移転の促進に関する法律（平成10年5月6日法律第52号）

◆大学等技術移転促進法（TLO法）について
目的
　大学等技術移転促進法（TLO法）は、大学等から生じた研究成果の産業界への移転を促進し、産業技術の向上及び新規産業の創出を図るとともに大学等における研究活動の活性化を図ることを目的としています。

特定大学技術移転事業（TLO事業）の内容
　企業化しうる研究成果の発掘、評価、選別等
　特定研究成果に関する技術情報の提供等
　特許権等についての民間事業者への実施許諾等
　実施料等収入の環流等
　経営に関する助言・技術指導及び研究開発等・金融面での支援・その他特定研究成果の効率的な移転に必要な事業

実施計画の承認
　大学における技術に関する研究成果を特許権等の譲渡等の方法により民間事業者へ効率的に移転する特定大学技術移転事業に係る計画を、実施指針に従って承認します。　※なお、承認を受けない技術移転組織が技術移転に携わることを排除するものではありません。

◆承認TLOが受ける公的支援

技術移転活動に係る補助金の交付

承認計画に係る事業に対し、経済産業省から補助金の交付が受けられます。

補助対象者:文部科学大臣及び経済産業大臣から承認を受けたTLO

補助率:2/3以内、1年に3,000万円が上限。

補助期間:5年間

補助対象経費:承認実施計画の実施に必要な費用のうち、以下に掲げるもの。

- 技術シーズ収集・評価・調査経費
- 海外出願経費
- 情報加工・編集・発信経費
- 技術指導経費
- 技術移転スペシャリスト人件費(技術開示活動相当分)

産業基盤整備基金による債務保証

承認計画に係る事業に対し、産業基盤整備基金による債務保証が受けられます。

承認TLOが出願する特許についての特許料等の減免(産業活力再生特別措置法)

承認TLOが特定大学技術移転事業を行う際に納付すべき特許料(年金1〜3年分)及び審査請求手数料が2分の1に減額されます。

承認TLOの国有施設(大学施設)の無償使用(産業技術力強化法)

承認TLOが特定大学技術移転事業を行う際に、国有施設(大学施設)を無償で使用できます。

技術移転の専門家(特許流通アドバイザー)の派遣

承認TLOに対し、独立行政法人工業所有権情報・研修館より、技術移転の専門家である特許流通アドバイザーの派遣等の支援を受けることができる場合があります。

国立大学教官等のTLO役員兼業

国立大学教官等が承認TLOの役員を兼業することが認められます。

中小企業投資育成株式会社による出資の特例（承認TLOからの技術移転先に対する支援措置）

承認TLOによって、大学等の研究成果が移転された中小企業に対して、中小企業投資育成株式会社による出資の特例（資本金3億円以上の会社に対しても出資）措置が受けられます。

■認定TLOとは

　認定TLOとは、国及び独立行政法人が保有する研究成果を譲り受けて、その事業化を行う民間事業者に対し実施許諾等を行う技術移転機関（TLO）のうち、一定の要件を満たすものとしてTLO法に基づき、所管する大臣の認定を受けた組織です。

　※平成16年4月よりTLO法等の改正による制度変更があります。詳細は経済産業省産学官連携ホームページ参照。

◆認定の要件

技術移転事業を適確かつ円滑に実施できる能力を有すること
自ら実施しないこと
実施候補先企業への情報提供につき特定の民間事業者に対して不当な差別的取扱いをしないこと

◆認定の対象となる成果

認定事業者が国から譲渡を受けた国立大学における技術に関する研究成果に係る特許を受ける権利に基づいて取得した特許権、実用新案権
認定事業者が国から譲渡を受けた国立大学における技術に関する研究成果に係る特許権、実用新案権
※国の試験研究機関（政令で定めるもの）及び試験研究を行う独立行政法人のものも準用されます（法第13条第2項）。

◆認定の効果

特許料（年金）の免除：特許法第107条第2項の規定が準用されます。
手数料（出願手数料、審査請求手数料等すべて）の免除：特許法第195条第4項の規定が準用されます。

●経済産業大臣により認定を受けたTLO

財団法人日本産業技術振興協会 産総研イノベーションズ
TEL：029-861-9232　FAX：029-861-5087
（独立行政法人産業技術総合研究所産学官連携部門内）
URL：http://unit.aist.go.jp/collab/intelprop/tlo/index.htm

■連携大学等
独立行政法人産業技術総合研究所

■基本理念
技術移転は知的創造サイクルの原動力

■活動内容
独立行政法人産業技術総合研究所では年間1,000件以上の特許出願を行い、1万件以上の知的財産権を保有しております。その技術分野も、ライフサイエンス分野、情報・電子・通信分野、エネルギー分野、製造技術分野、ナノテクノロジー・材料分野、地質・海洋分野、環境分野、計測標準分野と多岐にわたっております。
当産総研イノベーションズは、これらの技術移転を円滑に行うため、産業界の皆様のご要望にお応えした追加研究の実施等、研究開発のアウトソーシング機能としてもご活用いただけるよう諸施策を講じております。

■事業概要
技術移転事業
産総研イノベーションズは、独立行政法人産業技術総合研究所が保有する技術、ノウハウをご希望に応じて積極的に技術移転すると共に、移転技術に基づいて市場調査等、マーケティング・サポートについてもお手伝いいたします。

特許等の有償開放事業
　産総研イノベーションズは、独立行政法人産業技術総合研究所が保有する全ての知的財産権について可能な限りご要望に添った条件で有償開放いたします。

共同研究・受託研究等の研究連携事業
　産総研イノベーションズは、独立行政法人産業技術総合研究所との共同研究又は同研究所への委託研究について仲介のお手伝いをさせていただきます。

コンサルティング事業
　産総研イノベーションズは、新規事業の立ち上げなどに際して必要とされる技術についてのご相談、独立行政法人産業技術総合研究所が保有する特許権等の知的財産権の活用についてのご相談をお受けします。

■情報提供の方法　会費等制度：無
　独立行政法人産業技術総合研究所の月刊機関誌"AIST Today"及びホームページへの掲載。特許流通フェアを始めとする国内外の各種フェア等へ出展し、情報提供を行っています。
　独立行政法人産業技術総合研究所HP：http://www.aist.go.jp
　　（データベース「知的財産権公開システム」をご覧ください。）
　財団法人日本産業技術振興協会HP：http://www.jita.or.jp

[その他認定を受けたTLO]　　（　）は提携機関
●文部科学省認定
　関西TLO株式会社（京都大、立命館大等）
　株式会社キャンパスクリエイト（電気通信大）

●厚生労働省認定

財団法人ヒューマンサイエンス振興財団ヒューマンサイエンス技術移転センター

（厚生労働省所管国立試験研究機関、（独）産業安全研究所、（独）産業医学総合研究所）

TEL：03-3663-8641　URL：http://www.jhsf.or.jp/

●農林水産省認定

社団法人農林水産技術情報協会

（（独）農業技術研究機構、（独）農業生物資源研究所、（独）農業環境技術研究所、（独）農業工学研究所、（独）食品総合研究所、（独）国際農林水産業研究センター、（独）森林総合研究所、（独）水産総合研究センター）

TEL：03-3667-8931　URL：http://www.afftis.or.jp/

図面及び図表索引
Index

図面及び図表索引

第1章 ライセンス活動から生じた新製品と新技術
    図1-1：大学やTLOのライセンスにより実用化された技術 …………………………21

第2章 大学技術移転サーベイの実施について
    図2-1：大学等技術移転促進法によるTLOの承認・認定件数 ……………………30
    図2-2：サーベイ・アンケートに対する回答率（Type別）…………………………31
    図2-3：TLOと大学知的財産本部の関係について …………………………………32

第3章 TLOと大学知的財産本部の現状
    表3-1：各機関の事業開始年……………………………………………………………36
    図3-1：各機関の事業開始年（米国との比較）………………………………………37
    図3-2：TLOのスタッフ数の平均値とその分布 ……………………………………39
    図3-3：大学知的財産本部のスタッフ数の平均値とその分布………………………40
    図3-4：一体型のスタッフ数の平均値とその分布……………………………………41
    図3-5：各機関のスタッフ数の分布（地方別）………………………………………42
    表3-2：各機関のスタッフの平均人数（機関・地方別）……………………………42
    図3-6：TLO各機関のスタッフ数の分布（事業開始年別）………………………43
    図3-7：スタッフの役割…………………………………………………………………45
    図3-8：TLOのスタッフに占める事務職員の割合 …………………………………47
    図3-9：TLOのスタッフの役割（機関規模別）………………………………………48
    図3-10：大学知的財産本部のスタッフに占める事務職員の割合……………………49
    図3-11：大学知的財産本部のスタッフの役割（機関規模別）………………………49
    図3-12：米国TLOにおけるスタッフの役割 …………………………………………50
    図3-13：人件費の負担のないスタッフ数の分布………………………………………51
    図3-14：人件費の負担のないスタッフの役割…………………………………………52
    図3-15：弁理士資格を有するスタッフ数の分布………………………………………53
    図3-16：機関の収入と支出………………………………………………………………55
    図3-17：収入・支出の平均額……………………………………………………………55
    図3-18：知的財産関連の活動費…………………………………………………………57
    図3-19：知的財産関連活動費の内訳……………………………………………………58
    表3-3：知的財産関連活動費の内訳（機関別）………………………………………58
    図3-20：出願関連費用の分布（機関別）………………………………………………59
    図3-21：各機関の出願関係費用（国内出願分）と対応する国内出願の件数………60
    表3-4：出願関係費用の内訳……………………………………………………………61
    図3-22：特許（出願・登録）一件あたりの費用………………………………………61
    図3-23：企業に費用負担してもらった特許の割合……………………………………62
    図3-24：報償関連費用の分布（機関別）………………………………………………65
    図3-25：収入（運営資金）………………………………………………………………67
    図3-26：収入の内訳（機関別）…………………………………………………………68
    図3-27：収入の内訳（TLO別）…………………………………………………………69
    表3-5：米国大学等における研究費の推移……………………………………………71
    表3-6：大学等における研究費総額の推移……………………………………………73
    表3-7：大学種類別の研究費総額（2005年度）………………………………………73
    図3-28：共同研究の件数と研究費の推移………………………………………………75
    表3-8：共同研究の件数と研究費の推移………………………………………………75
    表3-9：分野別の共同研究件数の推移…………………………………………………76
    図3-29：分野別の共同研究件数の推移…………………………………………………76
    図3-30：共同研究の相手先………………………………………………………………77
    表3-10：民間企業（中小企業）との共同研究の推移…………………………………78
    図3-31：各大学の共同研究件数と研究費の分布（2005年度）………………………78
    表3-11：共同研究件数と共同研究費の上位10校（2005年度）………………………79
    表3-12：受入件数順位階層別の1件あたりの金額（2005年度）……………………79
    図3-32：共同研究の研究費の分布（2005年度）………………………………………79
    図3-33：受託研究の件数と研究費の推移………………………………………………80
    表3-13：受託研究の件数と研究費の推移………………………………………………81

図3-34	：分野別の受託研究の推移	81
図3-35	：受託研究の相手先	82
表3-14	：民間企業（中小企業）からの受託研究の推移	82
図3-36	：各大学の受託研究件数と研究費の分布（2005年度）	83
表3-15	：受託研究件数と研究費の上位10校（2005年度）	83
表3-16	：受託研究受入件数順位階層別の1件あたりの金額（2005年度）	84
図3-37	：受託研究の研究費の分布（2005年度）	84
図3-38	：科学研究費補助金の件数と研究費の推移	85
表3-17	：科学研究費の件数と研究費の推移	86
表3-18	：知的財産の機関帰属の有無（2006年4月）	87
図3-39	：発明届出件数の推移（全大学合計）	90
図3-40	：発明届出件数規模別の大学校数	91
表3-19	：発明届出件数の日米比較	92
図3-41	：発明届出件数規模別の大学数（機関数）の日米比較	92
表3-20	：発明届出件数上位20校	94
図3-42	：発明届出件数の分布	94
図3-43	：特許出願件数の推移（全大学合計）	95
表3-21	：特許出願件数の推移（全大学合計）	96
図3-44	：特許出願件数の推移（全大学合計）	97
表3-22	：特許出願件数上位20校	98
図3-45	：特許出願件数の分布	98
図3-46	：発明届出件数と特許出願件数の推移	99
図3-47	：各大学の発明届出件数と特許出願件数の分布	100
図3-48	：発明届出件数と特許出願件数の推移（米国との比較）	103
図3-49	：大学及びTLOの特許出願公開件数の推移	104
図3-50	：大学及びTLOの特許登録件数の推移	105
図3-51	：大学及びTLOの特許登録件数の推移	106
図3-52	：日米大学の特許登録件数の推移	107
図3-53	：特許出願までの業務	110
図3-54	：承認TLOの特許出願件数と特許出願業務受託件数の推移	111
図3-55	：特許ライセンス業務	112
図3-56	：特許ライセンスに向けた業務	115
図3-57	：不実施補償の契約件数と回答機関数	116
図3-58	：米国における特許ライセンスの新規契約件数の推移	117
図3-59	：米国における特許ライセンス契約の継続件数の推移	118
図3-60	：特許ライセンスの新規契約件数の分布（日米の機関数）	118
図3-61	：継続中の特許ライセンス契約件数の分布（日米の機関数）	119
図3-62	：ランセンシー企業の規模（日米比較）	120
図3-63	：都市圏と地方でのライセンシー企業の比較	122
図3-64	：独占的ライセンスの傾向（日米比較）	123
図3-65	：ライセンシー別独占的ライセンスの傾向	124
図3-66	：ライセンス収入	125
図3-67	：ライセンス収入の分布	126
表3-23	：米国TLOのライセンス収入（2004年度）	127
図3-68	：米国におけるライセンス収入（正味）の推移	127
図3-69	：ライセンス収入の内訳	128

第4章　大学発ベンチャーの活動

図4-1	：大学発ベンチャーの起業数の推移	133
図4-2	：大学発ベンチャーの課題	135
図4-3	：大学やTLOのライセンスで起業した大学発ベンチャー数	136
図4-4	：ベンチャーの起業があったTLO等の割合（日米比較）	136
図4-5	：大学やTLOのライセンスで新たに起業したベンチャー数	138
図4-6	：ベンチャー起業にあたっての資金源	139
図4-7	：TLO等のライセンスで起業した大学発ベンチャーの現状	140
図4-8	：TLO等のライセンスで起業し活動継続中のベンチャー数	141
図4-9	：大学やTLOのライセンスで起業し活動継続中のベンチャー数	142

大学技術移転サーベイ

大学知的財産年報 2006年度版

2007(平成19)年8月24日 初版発行

編集著作　有限責任中間法人大学技術移転協議会
©2007　University Technology Transfer Association, Japan

発　行　　社団法人発明協会

発行所　　社団法人 発明協会
　　所在地　〒105-0001
　　　　　　東京都港区虎ノ門2-9-14
　　電　話　東京　03 (3502) 5433 (編集)
　　　　　　東京　03 (3502) 5491 (販売)
　　ＦＡＸ．東京　03 (5512) 7567 (販売)

乱丁・落丁本はお取り替えいたします。

ISBN978-4-8271-0884-2 C0033

印刷：藤原印刷㈱
Printed in Japan

本書の全部または一部の無断複写複製を禁じます
(著作権法上の例外を除く)。

発明協会ホームページ：http://www.jiii.or.jp/